Torsten Weiler

Glücksorte in Krefeld

Fahr hin und werd glücklich

Droste Verlag

Für meine Eltern Gerhild und Günter Weiler, die in uns Kindern die Freude daran geweckt haben, interessante Orte zu entdecken – in Krefeld und weit darüber hinaus.

Liebe Glücksuchende,

Krefeld ist für mich die Stadt vieler wunderbarer Kindheitserinnerungen: Kastanien sammeln im Forstwald, fröhliche Nachmittage im Freibad Neptun, den Turm auf dem Hülser Berg erklettern, mitfiebern bei meinem ersten Galopprennen auf der Rennbahn. So gesehen ist dieses Buch für mich ein Heimspiel. Dachte ich.
Doch dann war ich überrascht, wie viele spannende Orte ich bei der Recherche neu entdecken durfte. Ob das gemütliche Café Liesgen, den malerischen Landschaftspark Heilmannshof oder das zauberhafte Theater Blaues Haus – es gibt einfach so viel zu erleben in dieser Stadt! Glücklich gemacht hat mich dabei, Menschen kennenzulernen, die mit ihrer Fantasie und Energie Krefeld so lebendig sein lassen: die Erfinderinnen des Veggie-Restaurants Fette Beete, die ideenreiche Leiterin der Mediothek, die „Freischwimmer“, die das alte Stadtbad mit neuem Leben füllen. Menschen, die Krefeld reich machen.
Ich bin glücklich, diese Entdeckungen mit Ihnen teilen zu dürfen!

Ihr Torsten Weiler

Deine Glücksorte ...

... noch mehr Glück für dich

Leben und leben lassen

1 *Gastromeile am Großmarkt*

Ein bisschen mediterrane Atmosphäre, ein bisschen Industriecharme, irgendwo zwischen rustikal und chic, und vor allem: Hier ist immer was los. Der Gastromeile am alten Großmarkt in Oppum wohnt ein ganz besonderer Zauber inne. Ein Lieblingsort der Krefelder – seit Langem. Und ein Ort, der immer in Bewegung ist: Neben alten und neuen Restaurants haben sich einige Läden angesiedelt, Fahrräder gibt es hier, Kaminöfen, besonderes Olivenöl und Designermöbel. Eine Event-Galerie hat den Großmarkt entdeckt und die Kulturrampe von Markus „Pille" Peerlings erweckt seit 15 Jahren die alten Hallen mit Comedy-Shows und Konzerten von Top-Bands zu neuem Leben. Die Reihe alter Lagerhallen glänzt in rotem Backstein mit ihren typischen – mit Pflanzkübeln begrenzten – vorgebauten Terrassen.

Angefangen hat das zweite Leben der Großmarkt-Gebäude vor mehr als 25 Jahren mit der „Kantine", einem Kult-Treff mit ehrlichem Konzept: Von 6 Uhr morgens bis Mitternacht bedienen Inhaber Achim Zyzik und sein Bruder Norbert die Gäste mit Kaffee, Mettbrötchen, Eintopf und Bier – und zählen zu ihren Kunden verspätete Nachtschwärmer und Taxifahrer, Büroangestellte aus der Nachbarschaft und feierfreudige Krefelder.

TIPP Mit dem Fahrrad über die neue Krefelder Promenade zum Großmarkt fahren!

Am anderen Ende der Meile bietet „Der Grieche", ein weiterer Großmarkt-Klassiker, fast ebenso lange Calamares und Moussaka an. Die Gäste haben aber noch mehr Auswahl: Das Fischbistro „Der Seemann", die italienische „Trattoria da Bruno" und auch neue Gastro-Ideen wie „Tins Stullenmanufaktur" kann man hier ausprobieren. Zur Hälfte draußen spielt das Leben auch im „Wine House", wo schon einmal ein Pianist die Terrasse zum Klingen bringt. Inhaber Rainer Lohmann, der jetzt wenig weiter auch noch einen Biergarten mit alten Seecontainern aufbaut, ist als Krefelder von der Location begeistert: „Am Großmarkt herrscht immer so ein Grundrauschen. Du musst dich nicht verabreden, sondern triffst immer jemanden." Das Motto hier sei „Leben und leben lassen", unkompliziert und entspannt. Da ist was dran.

Krefelder Großmarkt, Oppumer Straße 175, 47799 Krefeld
ÖPNV: Straßenbahn 044, Haltestelle Großmarkt

Traum in Zartrosa

2 *Kirschblütenmeer auf dem Alexanderplatz*

Wenn im Frühling auf dem Krefelder Alexanderplatz die Japanischen Zierkirschen blühen, möchte man am liebsten ein Vogel sein und durch dieses Meer in Zartrosa hindurchschweben. Wobei das Berauschende des Anblicks nicht nur aus der Farbenpracht der Blüten besteht – es ist die Kombination aus prächtiger Kaiserzeit-Architektur und liebevoll gepflegtem Grün, die diesen Platz so einmalig macht. „In Deutschland eine ziemliche Alleinstellung", sagt Roland Boosen, der mit seiner Frau seit Langem hier wohnt – und sein Herz an den Alexanderplatz verloren hat. „Ein Kleinod: heimelig, ruhig und von hoher Aufenthaltsqualität."
Ein Platz mit langer Geschichte: Der Ölmühlen-Besitzer Alexander König schenkte der Stadt Grundstücke in der südlichen Innenstadt, dem heutigen Samtweberviertel. Seine Auflage: Ein Garten sollte hier entstehen. 1885 wurde der Platz angelegt, um die Jahrhundertwende mit prachtvoll verzierten Gründerzeithäusern umbaut. Sogar Kaiser Wilhelm II. soll sich einmal die Ehre gegeben und im Garten des Hauses Nr. 8 gefrühstückt haben, erzählen die Anlieger noch heute. In der Nachkriegszeit wurden die rund 30 Zierkirschen gepflanzt, 1993 der Park im Stil der 1920er-Jahre komplett neu gestaltet. Von vier Ecken aus führen jetzt Wege ins kreisrunde Herz der kleinen Anlage. Auch außerhalb der Kirschblüte zeigt sich der Platz in bunten Farben, unter anderem durch Fliedersträucher, und auch dann ist der Alexanderplatz einer der schönsten Plätze der Stadt.

TIPP
Ganz in der Nähe: die Alte Samtweberei, das Café Südlicht und der Primus-Palast.

An diesem ungewöhnlichen Ort schlägt vor allem beim jährlichen Kirschblütenfest das Herz des Viertels. Die Bewohner feiern es immer im April – mit Kinderspielen, Kulinarischem aus vielen Ländern und Musik aus Krefeld und der Welt. Und wenn es gelingt, dass das Fest dann tatsächlich genau in die zehn Tage der Kirschblüte fällt, wissen die Alexanderplatz-Bewohner wieder einmal, warum sie nirgendwo sonst leben wollen.

Alexanderplatz, 47798 Krefeld
ÖPNV: Bus 058, Haltestelle Alexanderplatz

lexanderplatz

Kreatives Kopfspiel

3 *Hüte und mehr in Hauptsache.kostbar*

Ein Aufschlaghut für Damen: schwarzes Hasenhaar, beige Borte, dezente Applikation aus Federn – sehr elegant. Ein „Fascinator“ mit einem spiralförmigen Aufbau aus rotem Geflecht, über Dampf geschwungenen Federkielen und blauen plissierten Stofffransen – ziemlich verwegen. Hüte für junge Männer nach neuester Londoner Mode – grün, eisgrau oder altrosa: cool. Und der persönliche Lieblingshut von Carolin Incorvaia Pomränke: ein Strohhut, verziert mit breitem Ripsband in Weiß, Ocker und Rot – „den setze ich auf und bin glücklich“, sagt sie selbst.
Die weite Welt der Hüte eröffnet die Modistenmeisterin den Krefeldern seit Kurzem in der Stephanstraße – und es macht Spaß, sie in dieser bunten Welt der Farben und Formen zu erleben. Sie hat schon in München an der Staatsoper gearbeitet, Opern wie Puccinis „Turandot“ und Kinofilme wie „Marlene“ mit Hüten bestückt und in Paris für das Moulin Rouge Hüte entworfen („dort das auffallendste Kleidungsstück“). Jetzt hat sie ihre Werkstatt wieder in ihrer Heimatstadt Krefeld: Über Dutzenden von Holzkopfmodellen dampft und formt sie, schneidet sie Federn und erschafft Blumen, bringt Borten und Ripsbänder in Form, experimentiert mit überraschenden Applikationen, eleganten Mützen und extravaganten Hutkreationen, die dann schon einmal beim Ladies Day auf der Galopprennbahn, bei einer Hochzeit oder einer Cocktail-Party maßgeschneidert zur Aufführung kommen.

TIPP Wer eine Idee für den eigenen Traumhut hat – die Modistin verspricht, diesen Hut anzufertigen.

Hüte zu entwerfen, sagt Carolin Incorvaia Pomränke, mache sie glücklich. Kreativ sein und doch „zur Mitte kommen“ sei wunderbar. Deshalb teilt sie diese Erfahrung gerne in Kursen und „Freundinnen-Nachmittagen“, in denen die Teilnehmerinnen unter ihrer Anleitung mit Filz, Stoff, Federn und Bügeleisen ihren eigenen Traumhut entwerfen können, verspielt oder lässig, schick oder betont feminin. Und wenn der Hut fertig ist, „setzen Sie ihn auf und verwandeln sich“, sagt sie. „Erst mit Hut ist man komplett“, findet Carolin Incorvaia Pomränke und lacht, „eben gut behütet!“ In ihrem Hutladen kann man sich davon überzeugen.

Hauptsache.kostbar, Stephanstraße 24, 47798 Krefeld, Tel. (0 15 75) 4 44 28 03
www.hauptsache-kostbar.de
ÖPNV: Straßenbahn 04, 042, 043, 044 und zahlreiche Busse, Haltestelle Dreikönigenstraße (ca. 3 Minuten Fußweg)

Wunderwelten und Abenteuer

4 *Das Puppentheater Blaues Haus in Hüls*

„Das Schöne am Leben als Puppenspieler ist", sagen Stella Jabben und Volker Schrills, „dass wir Welten erschaffen dürfen." Welten mit großen Figuren wie dem Drachen, den sie einmal durch den Hülser Park haben „fliegen" lassen, oder mit ganz kleinen Figuren wie beim Sterntaler-Märchen. Mit bodenständigen Figuren wie dem wunderbaren Ruhrpottler Karlheinz, der den weißen Wal im Rhein entdeckt hat, und mit dem behäbigen Bären aus dem Bärenwunder, „eine Seele von Tier". Welten mit Klappmaulfiguren und Handpuppen aus Holz, Schaumstoff, Latex oder Stoff. Und manchmal, so freut sich Volker Schrills, sagen die Figuren plötzlich Sachen, mit denen die Schöpfer gar nicht gerechnet haben. Dann sind sie wirklich zum Leben erwacht.

Diese Figuren bevölkern im Theater Blaues Haus die Bühne bei bekannten Stoffen wie Momo oder Michel aus Lönneberga und selbst erdachten Geschichten wie einer ganz besonderen Variante von Moby Dick. In „Fifty Shades of Gretel" projizieren die beiden Puppenspieler mit viel Lust Motive des Bestsellers in die Beziehung von Kasper und Gretel, beim Publikum ein Riesenerfolg. Sie machen Geschichten für Kinder und spielen für Erwachsene, beides mit gleicher Freude am Fabulieren und Figurenbauen.

TIPP Nach der Vorstellung in einem der Lokale rund um den Hülser Markt einkehren.

Das Blaue Haus war früher eine Gaststätte, für die beiden Puppenspieler (die auch privat ein Paar sind) war es vor zehn Jahren Liebe auf den ersten Blick: „Da muss ein Theater rein." Im Foyer dient eine urige Hobelbank als Theke und Kasse, eine Glasscheibe im Boden gibt den Blick frei auf das darunterliegende Tonnengewölbe (in dem sich ein Kellergeist, ein Schweinchen und andere Figuren nach oben drängen). Den Zuschauerraum mit seinen roten Plüschbänken dürfen zuerst die Kinder durch eine Minitür betreten, damit sie auch die Plätze ganz vorne bekommen. Und spätestens wenn das Saallicht ausgeht und die Figuren auf der Bühne erscheinen, ist alles andere egal: Dann tauchen Spieler und Zuschauer in eine neue Geschichte ein – und die ist jedes Mal ein Abenteuer und ein Wunder.

Theater Blaues Haus, Tönisberger Straße 64, 47839 Krefeld, Tel. (0 21 51) 5 66 25 67
www.theaterblaueshaus.de

ÖPNV: Bus 045, 046, 049, 069, 076, 077, 079, Haltestelle Hülser Markt (ca. 8 Minuten Fußweg)

PuPPeNTheATeR

Alte Dame mit viel Eleganz

5 *Die Jugendstil-Drehbrücke in Krefeld-Linn*

Sie ist schon ein außergewöhnliches Bauwerk – die alte Drehbrücke, die den Ortsteil Linn mit seinem Hafen verbindet. Ein echtes Schätzchen: Jugendstil, schlank und elegant, nachts mystisch leuchtend, und vor allem: immer noch in Betrieb. Wenn sich die 700 Tonnen Stahl, Holz und Beton heben – elf Zentimeter reichen – und sich dann fast lautlos um 90 Grad drehen, kann man schon Respekt bekommen vor einem Mechanismus, der seit über 115 Jahren funktioniert. Im Mittelpfeiler der Brücke sitzt die gusseiserne Hebemechanik, in der Zahnräder, Stangen und zwei kleine Motoren dafür sorgen, dass die Einfahrt in den Hafen immer dann freigemacht werden kann, wenn – rund 150 Mal im Jahr – ein größeres Schiff hineinwill oder Hochwasser die Durchfahrt sonst unmöglich machen würde. Theoretisch könne die Brücke sogar nur mit Muskelkraft bewegt werden, bestätigt Hafenleiter Ralf Schopp. Gebaut wurde die Drehbrücke 1905, als der Hafen für Krefeld zunehmend an Bedeutung gewann. Die auf der Landzunge zwischen Rhein und Hafenbecken liegenden Betriebe brauchten eine Zufahrt in die Stadt, die neue Brücke war topmoderne Technik und galt als Prunkstück ihrer Gattung. Sie war sogar mit Eisenbahngleisen ausgerüstet und wird gemeinsam mit historischen Drehbrücken in Köln, Wilhelmshaven und Liverpool genannt. Die Eisenbahn fährt nicht mehr, aber Hunderte von Fußgängern, Radfahrern und Autos überqueren sie nach wie vor täglich. Inzwischen ist die Nachrüstung mit digitaler Technik geplant, sodass der Hafenmeister das Bauwerk bequem vom Hafenbüro aus steuern kann. Und auch wenn die einspurige Trasse für LKW ein bisschen eng ist: Dass das denkmalgeschützte Stahlbauwerk bleiben soll, darüber sind sich die Krefelder einig. Denn die Drehbrücke ist eines der schönsten Wahrzeichen der Stadt. Es ist beeindruckend, dieses elegante Wunderwerk der Technik zu sehen – vor allem, wenn es in der Dunkelheit angestrahlt wird. Und ein großes Schauspiel, wenn die Brücke sich tatsächlich dreht.

TIPP

Wer einmal den Mechanismus in Bewegung sehen will: Bei Hochwasser ist die Chance am größten.

Drehbrücke Krefeld-Linn, Hafenstraße, 47809 Krefeld
ÖPNV: Straßenbahn 044, Bus 831, Krefeld-Rheinhafen (ca. 4 Minuten Fußweg)

Feinster Gemüse-Rock-'n'-Roll

6 *Kochschule und Veggie-Restaurant Die Fette Beete*

Wenn Kristina Mohr und Jessica Wolf von Gemüse reden, sind sie nicht zu bremsen. Grüner Spargel mit roten Erdbeeren – was für ein Bild! Ein kräftig-bunter Kürbis, saftig grüner Bärlauch, und natürlich Rote Bete, da ist doch schon der Anblick ein Fest. Da geht den beiden das Herz auf, sagen sie selbst. Kochen heißt für sie „Bilder auf den Teller zaubern", und weil „Optik und Haptik" bei frischem Saisongemüse unübertrefflich seien, schmecke es auch wunderbar. „Wir lieben fast jedes Gemüse", sagen die beiden Veganerinnen und versprechen ihren Gästen darum „feinsten Gemüse-Rock-'n'-Roll".

Und sie lieben es, ihre Gäste zu überraschen. Zum Beispiel mit dem Standort ihres Restaurants, der Fetten Beete. Wer das Lokal an der Dießemer Straße sucht, muss in einen Hinterhof, der Zugang eher unscheinbar, und ist dann plötzlich in einer kleinen Oase. Leise plätschert das Wasser eines Gartenteichs, ein Biergarten in einer Idylle, „zwischen abgerockt und Paradies", finden sie selbst. Ein bisschen Berliner Flair. Oder sollte man sagen Krefelder Flair?

TIPP Der Bowl-Workshop – „bunte Schüsseln voller Gemüseliebe" – ist gerade sehr angesagt!

Um ihre anscheinend unerschöpfliche Energie auszuleben, haben sie jetzt auch noch im Vorderhaus eine Kochschule eröffnet: Selbst Gemüsegerichte kreieren oder vegan backen – kein Problem! Ob vegane Mayonnaise, ein fabelhaft schmeckender „Kein-Eier-Salat", eine feine Gemüse-Bolognese oder leckerer Crumble als Nachtisch – in kleinen Gruppen können Hobby-Köchinnen und -Köche auf sehr unterhaltsame Weise ausprobieren, wie sie mit veganer Küche Familie und Gäste überraschen können. Auch Männer testen hier gerne ihr Kochtalent. Die Teilnehmer brauchen nicht viele Vorkenntnisse mitzubringen, sondern vor allem eine gesunde Portion Neugier – und sie werden dafür belohnt. Allein schon deswegen, weil die beiden Kochlehrerinnen – mit der Fetten Beete unter den fünf Gewinnern des Deutschen Gastro-Gründerpreises 2020 – mit so viel Feuereifer dabei sind. So vergeht ein Kochabend mit anschließendem Essen bei einem guten Glas Rotwein wie im Fluge.

Die Fette Beete, Dießemer Straße 166, 47799 Krefeld, Tel. (01 76) 62 06 79 01
www.diefettebeete.de
ÖPNV: Straßenbahn 042, 043, Haltestelle Philadelphiastraße (ca. 1 Minute Fußweg)

So duftet echtes Mehl

7 *Die Geismühle in Krefeld-Oppum*

Die Geismühle ist vermutlich eine der bekanntesten Mühlen am Niederrhein – und doch ein kleiner Geheimtipp. Zwar fahren 90.000 Autofahrer jeden Tag auf der A57 an der Mühle vorbei – viele kennen den Rastplatz Geismühle und haben die Flügel des Bauwerks im Vorbeifahren gesehen. Doch die wenigsten haben die Mühle wirklich in Aktion erlebt – und sie haben etwas verpasst!

Wer die schmalen Stiegen der Mühle hinaufsteigt (Vorsicht, Eichenbalken!), taucht in die Welt mittelalterlicher Zimmermannskunst ein. Wenn die bespannten Flügel bei Wind ihre Drehung über Kammrad und Kronrad auf die Königswelle übertragen, dann knarzt und ächzt das ganze Gebälk schaurig-schön. Der schwere Eichenbalken im Herzen der Mühle treibt wiederum die beiden Mahlwerke mit ihren Mühlsteinen an – beeindruckend! Von außen konnte die Kappe (gedeckt mit 4.000 Eichenholzschindeln) der Turm-Holländerwindmühle mittels einer hölzernen Konstruktion, die bis zum Boden reichte, in den Wind gedreht werden – das Bedienen des Krühwerks kostet auch heute noch Kraft und braucht Geschick. Erstmals erwähnt wurde die Mühle 1575. Da war das Bauwerk wohl schon drei Jahrhunderte alt – ursprünglich gar keine Mühle, sondern ein Wehrturm als Außenstelle der Burg Linn mit 2,5 Meter dicken Grundmauern. Er bewachte eine Handelsstraße auf einem Sandrücken, einer Geest – daher der Name Geismühle.

TIPP Hinter der Mühle kann man eine kleine moderne Autobahnkapelle entdecken.

In Betrieb war die Mühle bis 1945, dann wurde sie durch Artilleriebeschuss beschädigt und verfiel zusehends, bis die Stadt sie kaufte. Vor gut 15 Jahren renovierte eine Gruppe von handwerklich versierten Ehrenamtlern in 3.000 Stunden das geschichtsträchtige Bauwerk. Für das Projekt sind sie zuvor in holländischen Mühlen „in die Lehre gegangen" – mit Erfolg: Nun arbeitet das Mahlwerk der Geismühle tatsächlich wieder. Respekt vor dieser Leistung – und ein Glück, dass jeder nun sehen und hören kann, wie sich dieses kleine Wunderwerk mittelalterlicher Ingenieurskunst bei Wind dreht und, wie vor 500 Jahren, aus Korn Mehl mahlt.

Geismühle Krefeld-Oppum, An der Geismühle, 47809 Krefeld, Besichtigung Mai bis Oktober am 1. und 3. Sonntag im Monat, 14 bis 17 Uhr, Tel. (0 21 51) 54 24 82
www.museumburglinn.de

ÖPNV: Bus 057, 839, Haltestelle Krefeld, Geismühle (ca. 3 Minuten Fußweg)

Wegen mit Gottes

Heiterer Nervenkitzel

8 *Die Krefelder Galopprennbahn*

Gibt es etwas Spannenderes als den Moment, in dem die Pferde bei einem Galopprennen in die Zielgerade gehen? Wenn die Ansage des Rennkommentators schneller wird, die Zuschauer sich am Zaun drängen und ihre Favoriten anfeuern? Wenn die einen schließlich in Jubel ausbrechen und die anderen sich damit trösten, dass es wieder einmal echt knapp war? Galopprennen sind ein großes Vergnügen. Wegen der ganz besonderen Atmosphäre, wegen der heiteren Stimmung und wegen der historischen Kulisse einer der schönsten Rennbahnen Deutschlands.

Aber Galopprennen ist mehr als Wetten: Es ist das Ganz-nah-an-den-Tieren-Sein, wenn sie vor dem Rennen im Führring eine Runde drehen und die Zuschauer sich ein Bild machen, in welcher Form sie wohl sein mögen. Wenn diese Kraftpakete in der Startbox mit den Hufen scharren und beim Öffnen der Gitter förmlich explodieren. Wenn nach dem Rennen die Sieger ihren Preis bekommen und mit freundlichem Applaus bedacht werden. Ein Renntag ist aber auch: spielende Kinder auf der Hüpfburg, Väter, die mit Bergen von Reibekuchen in der Hand ihre Familien suchen, Frauen mit schicken Hüten, vor allem beim beliebten „Ladies Day".

TIPP Wer wissen will, was zum Beispiel „auf Platz wetten" bedeutet: Wett-Einmaleins auf der Homepage.

Aber die Galopprennbahn mit ihren Tribünen, Stallungen und ihrem Geläuf ist nicht nur an Renntagen ein besonderer Ort. Für Jan Schreurs, Vorsitzender des Krefelder Rennclubs, ist der beste Moment der Sonnenaufgang, wenn die Tiere beim Training ihre Runden drehen. „Dann mit einer Thermoskanne Kaffee vor der Husarentribüne sitzen und den Anblick genießen, das ist ein Traum", sagt er. Wie überhaupt die ganze Anlage, die 1913 vom Architekten August Biebricher im Jugendstil erbaut und gerade frisch renoviert wurde: ein „Juwel für Krefeld". Außer Pferdesport bietet sie auch Open-Air-Kino, die „Krefelder Gartenwelt", ein gemeinsames Weihnachtssingen am 23. Dezember und manches mehr. Aber am eindrucksvollsten ist es, wenn hier die Pferde laufen – „das live zu sehen, da geht einem das Herz auf".

Krefelder Galopprennbahn, An der Rennbahn 5, 47800 Krefeld, Tel. (0 21 51) 5 89 90
www.krefelder-rennclub.de
ÖPNV: Bus 058, Haltestelle Zwingenbergstraße (ca. 8 Minuten Fußweg)

Charme des Mid Century

9 *Das 4150 vintage in der alten Südstadt-Glaserei*

Manchmal öffnen sich hinter unscheinbaren Fassaden unerwartete Räume. Dieser hier ist definitiv einer: Hinter einer Tordurchfahrt in der Südstadt befindet sich die Werkstatt einer früheren Glaserei und in dieser hellen und großen Halle können Besucher einmal im Monat in eine andere Welt eintauchen. Es ist die Welt der Nachkriegszeit, des Mid Century: Designer-Möbel von Thonet oder Kristiansen, Langspielplatten von Bob Dylan oder den Stones, alte Kugellampen leuchten neben einem Regal voller Radio-Apparate. An der Wand lehnen Originalwerke vergessener Künstler und gerahmte Stiche von Motiven wie der längst abgerissenen Markthalle. Auf Holztischen liegen Bildbände von Krefelder Designern und stehen Kristallgläser oder Glasschälchen. Vieles stammt aus Krefeld: die Stühle des ehemaligen Kaffeehauses Schmitz oder Keramik der bekannten Grootenburg-Töpferei.

Schöpfer dieser eigenen Welt, des 4150 vintage, ist Philipp Diedrich, der eigentlich Techniker bei der Kinder-Mitmach-Aktion Mobifant ist und ein Faible für alte und schöne Dinge hat. Er ist bekennender Schatzsucher: Wenn er – bei Haushaltsauflösungen oder auf dem Trödelmarkt – auf Stücke stößt, die andere nicht mehr brauchen, sieht er in ihnen den besonderen Charme einer früheren Zeit. Diesen Zauber unter Staub und Patina wieder herauszuarbeiten, macht ihm Spaß. Und ebenso, die wieder zum Leben erweckten Schönheiten zu fotografieren, auf Instagram oder Facebook zu posten und damit andere anzustecken, die der Zeit des Mid Century ebenso viel abgewinnen können wie er.

TIPP Die große Sammlung an alten Schulwandkarten zu Erdkunde, Botanik und Anatomie.

Wenn er einmal im Monat samstags seine Fundstücke ganz analog in der alten Glaserwerkstatt präsentiert und zum Kauf anbietet, hat das ein bisschen was von einem Happening. Die Besucher kommen inzwischen aus Düsseldorf, Köln oder Holland und trinken gerne erst einmal an einer liebevoll im Stil der Zeit eingerichteten Theke einen Kaffee oder einen Prosecco. Um über eine Zeit zu fachsimpeln, die ihren ganz eigenen Zauber hatte und heute noch viele fasziniert.

4150 vintage, Südstraße 20, 47798 Krefeld, Tel. (01 72) 2 63 73 06
www.instagram.com/4150vintage und www.facebook.com/4150vintage
ÖPNV: Bus 051, Haltestelle Südwall, Bus 058, Haltestelle Corneliusplatz (ca. 3 Minuten Fußweg)

Farbsinfonie am Wasser

10 *Der Landschaftspark Heilmannshof in Traar*

Es gibt Orte, die sind einfach paradiesisch. Der Landschaftspark des Heilmannshofs ist ein solcher Ort. Wer ihn betritt, wird erst einmal von einer kleinen Hühnerschar begrüßt, die sich scharrend und gackernd durch den laub- und efeubedeckten Boden arbeitet. Der Weg führt vorbei an einem Hügel, auf dem ein alter Pavillon zum Verweilen einlädt. Wer dort Platz nimmt, kann schon die Niepkuhlen sehen, Tümpel, die einem alten Lauf des Rheins folgen, zwei davon im Herzen dieses Parks. Die Sonne spiegelt sich auf der Oberfläche, auf der Haubentaucher ihre Kreise ziehen. Eine Brücke führt über das Wasser in einen Erlenbruchwald. Den Weg entlang entdeckt man Azaleen und Rhododendren, die hier im Frühjahr in allen Farben blühen. Bäume sind von Kletterhortensien berankt, kleine Wiesen unterbrechen den Wald, am Ufer steht ein wenig versteckt eine Holzbank. Ein Eichelhäher fliegt über die Lichtung, in der Ferne geht ein Specht seiner Arbeit nach. Hier kann man es aushalten.

Die Krefelder Familie Heilmann hat den 5,5 Hektar großen Landschaftspark zwischen 1860 und 1870 angelegt, Familie Leendertz hat ihn übernommen. Jede Generation hat seitdem dort ihre Spuren hinterlassen: Ende der 1930er-Jahre mit der Anlage eines Gehölzgartens, nach dem Krieg mit einer Obstplantage und einer Baumschule, der Parkliebhaber die Azaleen-Vielfalt verdanken, seit den 1980er-Jahren durch die Restaurierung der denkmalgeschützten Parkstruktur. Heute sind es die Urenkelinnen Katja Leendertz und Silja Leendertz-Aigner, die das Anwesen am Leben erhalten, auch durch den Betrieb eines Hofladens mit biologischem Obst und Gemüse aus eigenem Anbau.

TIPP

Am Wochenende den Park bei einer Führung erleben.

Und so kann man sich weiter erfreuen an dem Park mit seinen vielen Ecken und Nischen, der Eisvogel-Brutwand und den Nistkästen, der Farbsinfonie aus Japanischem Ahorn, Amberbaum und violett leuchtenden Blumenwiesen, bestückt mit überraschenden Kunstwerken, durchsetzt von wilden Ecken mit umgestürzten Bäumen und liebevoll angelegten Beeten. Ein kleines Paradies eben.

Landschaftspark Heilmannshof, Maria-Sohmann-Straße 93, 47802 Krefeld-Traar, Tel. (0 21 51) 56 04 10, www.heilmannshof.de

ÖPNV: Bus 060, Haltestelle Papendyk, Bus 052, Haltestelle Maria-Sohmann-Straße (jeweils ca. 10 Minuten Fußweg)

Abheben in die Freiheit

11 *Der Flugplatz Egelsberg*

Gibt es etwas, das glücklicher macht, als zu fliegen? Ansgar Heitkamp hat sich die Frage nie gestellt: Er fliegt seit vier Jahrzehnten und ist vom Fliegen immer noch so begeistert wie am ersten Tag. Von der sich von oben ständig verändernden Landschaft, von den immer neuen Farben, von der großen Freiheit, die er dort erlebt. Von der Herausforderung, mit dem Segelflieger den Punkt zu finden, an dem die Thermik ihn als Piloten wieder in die Höhe trägt. Es ist die Euphorie, wenn er sich so wieder einige Kilometer Luft-Spaziergang erkämpft hat, „du hast nicht aufgegeben, du hast dich wieder hochgeschraubt, und das macht so superglücklich“. Das Bewusstsein, in der Luft nur auf den Flug konzentriert zu sein, alles andere zu vergessen. „Sie schalten total ab dabei.“ Das, so glaubt man Ansgar Heitkamp sofort, ist ein unvergleichliches Erlebnis. Wer an einem sonnigen Sonntag auf dem Flugplatz Egelsberg in das Treiben der Piloten, ihrer Familien und der vielen Zaungäste eintaucht, spürt diesen besonderen Spirit. Die kleinen, schlanken Segelflieger, die mit der Seilwinde in 300 Meter Höhe gezogen werden, bevor sie auf sich selbst gestellt sind; der Motorflieger, der die Piloten in noch höhere Sphären schleppt, damit sie – mit ein bisschen Glück – bis ins Emsland, in den Teutoburger Wald oder die Eifel gleiten können. Die vielen Zuschauer, die mit Respekt und manchmal ein bisschen Neid den Anblick der startenden und landenden Maschinen beobachten. All das schafft eine beeindruckende Atmosphäre. Wer Lust hat, kann hier für einen kleinen Obolus eine Runde mitfliegen, wenn es die Umstände erlauben.

TIPP Direkt neben dem Flugplatz liegt die sehenswerte Egelsbergmühle.

Der Platz in Traar liegt traumhaft am Rand eines Naturschutzgebiets unweit der Niepkuhlen. Imbiss und Spielplatz machen ihn zu einem beliebten Wochenendziel für Familien. Und das Flugplatz-Restaurant mit seiner einladenden Außenterrasse bietet nicht nur die beste Sicht auf die startenden und landenden Flugzeuge, sondern auch einen der malerischsten Sonnenuntergänge Krefelds. Was will man mehr?

Flugplatz Krefeld-Egelsberg, Lilienthalweg 10, 47802 Krefeld
www.edlk.de (hier Link zu den beiden Vereinen VfS Krefeld und Aero Club Krefeld)
ÖPNV: Bus 052, 058, Haltestelle Bergstiege (ca. 7 Minuten Fußweg)

D-6264
88
D-D688

Der Sound der Südstadt

12 *Das Abeler-Glockenspiel an der Neusser Straße*

Wer über die Fußgängerzone an der Neusser Straße schlendert, kann eine klangvolle Überraschung erleben. Um 12 Uhr, 15 Uhr und 18 Uhr bekommt er vor dem alten Sinnhaus ein kleines Gratiskonzert geboten. Ein sieben Meter hohes, schlankes Stahlgerüst trägt dort elf bronzene Glocken, die die Passanten zu diesen Stunden mit Melodien wie „Kein schöner Land", „Alle Vögel sind schon da" oder der Rheinischen Sinfonie erfreuen. Diese Glocken sind ein echtes Stück Krefeld. Ab 1954 hingen sie über dem Uhren- und Schmuckgeschäft Abeler in der Neusser Straße 63. Die größte Glocke trägt den Namen des Firmengründers Heinrich Abeler und das Wappen der Uhrmacher- und Goldschmiedeinnung. Die übrigen zeigen die Namen der Brüder Abeler und das Wappen der Städte, in denen sie sich niedergelassen haben. Bis Mitte der 1980er-Jahre prägten sie mit ihrem Spiel den „Sound der Südstadt", dann wurde das Haus verkauft, die Glocken verstummten. Ein Vierteljahrhundert später erinnerten sich Geschäftsleute des stimmungsvollen Geläuts, hatten das Glück, die alten Glocken vom aktuellen Besitzer des Hauses geschenkt zu bekommen, und konnten sie nach einer aufwendigen Renovierung im Jahr 2014 am neuen Standort wieder zum Klingen bringen. Der Krefelder Glockenfachmann und Kirchenmusiker Norbert Jachtmann programmierte neue Melodien für das ungewöhnliche Instrument, wegen der speziellen Klangeigenschaften eine Herausforderung, „aber der Kreativität waren da keine Grenzen gesetzt", sagt er. Nicht nur für die Passanten ein großes Vergnügen, „auch für die Gemeinschaft in der Südstadt ein schönes Symbol", freut sich die Krefelder City-Managerin Christiane Gabbert. Das traditionelle Glockenspiel in diesem Quartier sei „identitätsstiftend", findet sie. Den Passanten gefällt das regelmäßige kleine Konzert: Den Klängen von „Der Mai ist gekommen" oder einer der hundert anderen im Wechsel gespielten Melodien zu lauschen, das schenkt jedem, der hier im Einkaufstrubel unterwegs ist, einen wohltuenden Moment des Innehaltens und Durchatmens.

TIPP Das Sinn-Haus mit eleganter Fassade wurde 1906 als Warenhaus nach Berliner Vorbild erbaut – sehenswert!

Abeler Glockenspiel, Höhe Neusser Straße 35, 47798 Krefeld

ÖPNV: Krefeld Hauptbahnhof, von dort durch das Hansazentrum in die Neusser Straße (ca. 4 Minuten Fußweg)

Romantik auf dem Wasser

13 *Der Weiher im Krefelder Stadtwald*

Der Weiher im Krefelder Stadtwald hat schon viele Momente des Glücks gesehen. Auf einem der Tretboote bei einbrechender Dämmerung den verschlungenen Pfaden des Wassers zu folgen, kann ziemlich romantisch sein. Da habe es schon Heiratsanträge gegeben, sagt Donkor Adjei, der hier seit gut drei Jahrzehnten den Bootsverleih betreibt. Wer ihn hier beim Verleih in dem zugehörigen Kiosk erlebt, spürt sofort: An diesem liebevoll gestalteten Ort mit den bunten Blumenkästen, Liegestühlen und der leisen Musik hängt sein Herz. Zwei Dutzend Tret- und Ruderboote hält er für seine Kunden bereit. Manche von ihnen sind schon als Kinder mit ihren Eltern durch den Stadtwaldweiher geschippert und zeigen jetzt ihren eigenen Sprösslingen Krefelds Freiluftwohnzimmer vom Wasser aus.

Der Weiher ist das Herzstück des Stadtwalds, den es schon seit mehr als hundert Jahren gibt. Der Seidenfabrikant Wilhelm Deuß hatte sich zu seinem 70. Geburtstag die Ehre gegeben, der Stadt 35 Hektar Land im Stadtteil Bockum zu schenken – und dazu das Geld, daraus einen Park zu gestalten. Dieser wurde mehrfach erweitert – heute zählt er mit seinen 120 Hektar Fläche zu den herausragenden Landschaftsparks des Niederrheins. Die Krefelder lieben ihn: ob als Austragungsort der sommerlichen „Spiele ohne Ranzen", als Treffpunkt für Hundefreunde auf der großen Freilaufwiese, für Kinder auf dem gut ausgestatteten Spielplatz, für Freunde der Grillkultur und natürlich für ein fröhliches Beisammensein im gemütlichen Biergarten direkt am Wasser.

TIPP Sportlich geht es weiter: Nach dem Rudern den modernen Bewegungsparcours im Stadtwald ausprobieren!

Der Weiher zieht sich durch den ganzen Park und führt dabei auch an dem kleinen Tempelchen vorbei, das nach dem Stifter der Anlage „Deuß-Tempel" genannt wird. Aber auf dem Wasser geht es nicht immer still zu: In ungeraden Jahren wird der Stadtwaldweiher zum Austragungsort eines inzwischen legendären Badeenten-Rennens. Bei diesem Spektakel liegen Glück und Pech oft nur einen Entenflügelschlag auseinander – Adrenalin und Spaß gehören da zusammen. Ohne diesen wunderbaren Stadtwald würde Krefeld einfach etwas fehlen.

▶ Bootsverleih Stadtwald, Hüttenallee 108, 47800 Krefeld, Tel. (01 76) 30 77 21 09
www.facebook.com (Bootsverleih Stadtwald Krefeld)
▶ ÖPNV: Bus 058, Haltestelle Stadtwald (ca. 10 Minuten Fußweg)

Wo Träume fliegen lernen

14 *Das Theater in Krefeld*

Um sich Glück vor einer Aufführung zu wünschen, spucken sich Schauspieler dreimal über die linke Schulter und sagen „toi, toi, toi". Hier in Krefeld hat dieser Brauch schon viel Glück gebracht, denn das haben die Krefelder mit ihrem Theater: Seit 1963 gehört der Bau von Gerhard Graubner mit dem markanten Kupferdach auf dem Theaterplatz zur Seele der Stadt. Bereits seit 1950 haben Krefeld und Mönchengladbach eine „Theaterehe" – und das Programm findet so viel Zuspruch wie bei kaum einer anderen Bühne am Niederrhein.

Es ist die Vielfalt, die die Krefelder an ihrem Theater lieben. Mehr als 250 Aufführungen gibt es jedes Jahr – Schauspiel, Oper und Operette, Ballett, die Konzerte der Niederrheinischen Sinfoniker, Aufführungen für Kinder und Puppentheater. Jazz im Foyer, Matineen, Revuen, Soloprogramme. Klassiker wie „Die Dreigroschenoper" und „Wilhelm Tell" oder aktuelle Stoffe wie „Mein Kühlraum" oder „Tschick". Und die Besucher dürfen sich immer wieder überraschen lassen: Da kommt „Die Zauberflöte" im „Star Wars"-Look daher, „Der Räuber Hotzenplotz" wird für Kinder als Oper inszeniert. „Das Tagebuch der Anne Frank" können sie am zweiten Spielort in Krefeld – der Studiobühne in der ehemaligen Fabrik Heeder – als Bühnenfassung erleben, „Monthy Python's Spamalot" verwandelt den Innenhof der Burg Linn zum Spielort britischen Musical-Humors.

TIPP Offen für Überraschungen? Wie wäre es mit einem Theater-Abo, das es in vielen Varianten gibt?

Mit Michael Grosse hat die Bühne einen Generalintendanten, der nicht nur selbst Schauspieler ist (wunderbar: seine Solo-Abende über Heines Wintermärchen oder Manns Hochstapler), sondern auch mit großer Leidenschaft und Herzlichkeit das feste und den Theaterbesuchern stark verbundene Ensemble führt. Die Krefelder, so hat Grosse festgestellt, sind übrigens „impulsiver in ihren Reaktionen" als die „etwas zurückhaltenderen" Gladbacher. Aber egal ob spontan oder still: „Theater ist Magie", sagt eine junge Besucherin. „Ein Platz, an dem alles möglich ist und Träume fliegen lernen können." Glück pur eben. Einfach wunderbar!

Theater Krefeld, Theaterplatz 3, 47798 Krefeld, Tel. (0 21 51) 80 51 25
www.theater-kr-mg.de

ÖPNV: Straßenbahn 041, 042, 043, 044 und zahlreiche Busse, Haltestelle Rheinstraße (ca. 4 Minuten Fußweg)

Kaisercharme im Prachtbad

15 *Das historische Stadtbad I an der Neusser Straße*

Die Farbe blättert von den Wänden, auf der Galerie des Herrenbads haben Tauben ihre Spuren hinterlassen, ein Hauch von Melancholie weht durch die Hallen. Und doch atmen diese Räume einstigen Glanz: kunstvolle Fliesen mit stilisierten Füchsen, eine opulente irisch-römische Sauna für Heißdampf und Massage, ein großformatiges in den Putz gemaltes Gemälde im Treppenhaus mit einer Schwimmszene. Kein Zweifel: Das Stadtbad I in Krefeld hatte Stil.

Ende des 19. Jahrhunderts wollte Krefeld das Landgericht in die Stadt holen – was das Justizministerium jedoch ablehnte, solange die Stadt nicht einmal eine Badeanstalt besäße. Das wollten die Stadträte nicht auf sich sitzen lassen und planten ein Bad, bei dem man „nicht sparen dürfe". Heraus kam 1890 eine Badeanstalt, die als eine der prächtigsten im Deutschen Reich galt: Damen- und Herrenbad, Dusch- und Wannenbäder in drei verschiedenen Klassen, teure Mosaiken, Kristallspiegel mit Eichenrahmen. Ergänzt wurde sie 1925 noch durch ein Freibad mit zwei Becken. Das ganze Gebäude war und ist riesig – mehr als 8000 Quadratmeter waren der Hygiene und dem sportlichen Vergnügen gewidmet, 150 Räume umfasst das Ensemble zwischen Neusser und Gerberstraße. Mehr als ein Jahrhundert war das Stadtbad in Benutzung, bevor es 2003 wegen veralteter Technik endgültig geschlossen wurde.

TIPP An einem Lightpainting-Workshop im Stadtbad mit dem Fotografen Rainer Moll teilnehmen – macht viel Spaß!

Eine Weile lag es brach – jetzt hat eine Initiative von Krefeldern mit vielen Ideen den einmaligen Bau aus seinem Dornröschenschlaf wachgeküsst. Die „Freischwimmer" organisieren Führungen, in denen Bürger ihr altes Stadtbad neu entdecken – unglaublich spannend! Bei Foto-Safaris fangen Hobbyfotografen die Räume als Lost Place ein – sehr beliebt. Ein besonderes Erlebnis sind Kunst-Performances mit Tanz und Musik im alten Herrenbad und im Außengelände war unlängst eine Inszenierung von „Moby Dick" zu sehen. Wer Spaß daran hat, kann mit Hand anlegen und etwa das Gartengelände neu mitgestalten. Das alte Stadtbad wird wieder lebendig, zum Glück!

Stadtbad I, Neusser Straße 58–60, 47798 Krefeld, Tel. (01 78) 4 51 71 43
www.freischwimmer-krefeld.de
ÖPNV: Bus 051, Haltestelle Hochstraße oder Hauptbahnhof (ca. 6 Minuten Fußweg)

Funkelnder Farbenrausch

16 *Die Quilt Galerie von Claudia Pfeil*

In den USA gilt „Claudia from Germany" als Star ihrer Zunft, in Deutschland ist die Kunst von Claudia Pfeil noch ein Geheimtipp: Sie hat das Quilten, eng verwandt mit dem Patchwork, zu einer Perfektion gebracht, die beeindruckend ist. Ihre „Art Quilts" sind ein Rausch an Fantasie, Farben und Formen! Daher füllen sie perfekt die hohen weißen Wände ihrer 330 Quadratmeter großen Galerie- und Studiofläche, die sich in der alten Im-Brahm-Brotfabrik an der Ritterstraße befindet.

Da ist zum Beispiel das Werk „Magic Mermaid Castle", in dem sie aus Tausenden einzelner Stoffstücke ein Märchenschloss erschaffen hat, das von Meerjungfrauen und anderen verwunschenen Fabelwesen bewohnt wird – eine Mischung aus Hundertwasserhaus, orientalischer Traumlandschaft und Unterwasserwelt, von unzähligen Swarovski-Steinen zum Funkeln gebracht. Oder der mehr abstrakte Quilt „Fire and Ice", der in kräftigen Orange- und Blautönen glühende Hitze und kristalline Kälte in Stoff zu bannen scheint. „Malen mit Stoff und Garn" nennt sie ihre Fertigkeit, bei der sie drei Lagen Textil miteinander verarbeitet: Das eigentliche Motiv aus Patchwork, eine Vlies-Schicht und eine Stoffschicht als Basis sorgen für die kuschelige Wärme der traditionellen Quilts. Ihren besonderen künstlerischen Ausdruck bekommen die Werke durch das „Steppen" der Motive, das Quilten. Diese Ziernähte verleihen dem Werk die verblüffende Dreidimensionalität – die Quadrate und Spiralen, Blumen und Schildkröten werden lebendig.

TIPP Für eine Führung vorher anmelden. Termine auf der Homepage!

Ein Jahr braucht Claudia Pfeil für eines ihrer großformatigen Show Quilts. Die gehen dann regelmäßig zu Wettbewerben in die USA – Hunderte Siegerschleifen im Atelier bezeugen, dass die Künstlerin zu den erfolgreichsten Quilterinnen der Welt gehört. Und doch lebt sie gerne in Krefeld, wo sie Textildesign studiert hat. In ihrer Galerie kann man nicht nur die Show Quilts bewundern, sondern auch in spannenden Kursen die Technik des Quiltens erlernen und Stoffe zum Quilten oder Quilt-Kunstwerke selbst erwerben. Ein beglückender Farbenrausch im Krefelder Süden!

Quilt-Studio & Galerie „Alte Brotfabrik", Ritterstraße 183, 47805 Krefeld, Tel. (0 21 51) 77 38 51 www.quilt-und-co.de

ÖPNV: Bus 051, 052, 057, 060, 061, NE5, NE6, Haltestelle Hauptbahnhof Süd (ca. 3 Minuten Fußweg)

Pantoffel-Zug fürs Herz

17 *Der historische „Schluff“*

Wenn der „Schluff“ in den Nordbahnhof einfährt, geht den Krefeldern das Herz auf. Die rot-grün lackierte Lok „Graf Bismarck“, aus deren Schlot der Dampf aufsteigt, das Zischen des Kessels, das Pfeifen bei der Einfahrt – dieser Moment hat seinen ganz eigenen Glanz. Da bekommen Kinder große Augen und Großeltern Gänsehaut. Seit 40 Jahren gehört die altehrwürdige Lok zu den ganz besonderen Attraktionen der Samt- und Seidenstadt.

„Schluff“ hieß die Eisenbahn in Krefeld irgendwie schon immer. 1868 brachte eine Privatbahn hier erstmals Menschen auf die Schiene und schnell erinnerte das Geräusch dieses neuen Fortbewegungsmittels die Krefelder an das Schlurfen eines Pantoffels, „dä Schluff“ eben. Der Personenverkehr wurde 1951 eingestellt. Fast drei Jahrzehnte später hatten Eisenbahn-Freunde die Idee, die alte Bahn wiederzubeleben, und am 1. Mai 1980 war es so weit: Die Trasse war renoviert, eine Dampflokomotive (zuvor in der Zeche Bismarck in Gelsenkirchen im Einsatz) erworben, gründlich überholt und aus Brandschutzgründen mit einem Ölbrenner ausgestattet. Schließlich sollte nicht Funkenflug das Hülser Bruch in Brand setzen.

TIPP Fahrrad mitnehmen – und ab Hüls eine Tour über den Grafschafter Rad- und Wanderweg nach Moers machen!

Seitdem zieht das alte Stahlross fünf historische Personenwaggons in Bordeauxrot und Beige, einen Büfettwagen und zwei Packwagen für Fahrräder und befördert bis zu 224 Passagiere. Von St. Tönis aus geht es zum Bahnhof Crefeld Nord, in dem 1902 schon Kaiser Wilhelm II. Station machte, weiter durch den industriellen Norden der Stadt über Wiesen und Felder bis zum Bahnhof von Hüls, dann durch den Wald bis zur Endstation Hülser Berg. Eine knappe Stunde können die Fahrgäste die 13,6 Kilometer lange Tour genießen – und anschließend rund um den Hülser Berg laufen, gemütlich essen oder den Aussichtsturm erklimmen. Und während die ehrenamtlichen Eisenbahn-Freunde die Lok wenden und für die Rückfahrt am anderen Zugende neu ankoppeln: Zeit für wunderbare Selfies mit der ansehnlichsten Eisenbahn Krefelds …

Der „Schluff“ fährt von St. Tönis (Wilhelmplatz 13, 47918 Tönisvorst) bis Hülser Berg (Talring 112, 47802 Krefeld), immer sonntags von Mai bis Oktober, Tel. (0 21 51) 98 44 82 www.schluff-krefeld.de

ÖPNV: Straßenbahn 041, Haltestelle Tönisvorst, Wilhelmplatz

Zauber der alten Kinowelt

18 *Der Primus-Filmpalast*

Das Kassenhäuschen in der Eingangspassage atmet den Aluminium-Charme der 1970er-Jahre. Im Foyer erwarten ein alter Filmprojektor und ein schwarzes Piano vor braun-beige marmorierter Teppichwand aus dieser Zeit die Gäste. Bunte Filmplakate werben für Kirk Douglas in „Die Wikinger“ und Elvis Presley in „Acapulco“. Im Kinosaal „Cinema“ laden gemütliche Doppelsitze zum Filmegucken ein – die Leinwand ist noch Erstausstattung dieses Saals: von 1964! Die besondere Einrichtung des Primus-Palastes könnte selbst als Filmkulisse dienen.

Der Primus-Palast ist neben dem Multiplex-Kino CinemaxX das einzige von einst mehr als 30 Kinos in Krefeld, das die Erfindung der VHS-Kassette, später des DVD-Players und jetzt den Boom der Streamingdienste überlebt hat. Das berichtet stolz der Betreiber Karsten Bourdoux, der selbst als „Kinokind“ groß geworden ist und das Haus nun in der dritten Generation betreibt. 1926 hat das Kino an der Lewerentzstraße eröffnet, in der 1930er-Jahren glanzvolle Zeiten und große Filmpremieren erlebt, im Krieg wurde es ausgebombt, 1951 wieder aufgemacht. Überlebt hat der Primus-Palast auch verschiedene Umbenennungen (für viele Krefelder ist er immer noch das „Casablanca“). Von zwei Sälen ist der kleinere („Cinema“) mit 84 Plätzen geblieben, der zwar nur im Sommer aufmacht (heizen im Winter geht nicht), doch durch seine magische Atmosphäre früherer Zeiten besticht.

TIPP Beim „Cine Kult Club“ gibt es einen Überraschungskultfilm – man zahlt hinterher, was er einem wert war.

Das Programm ist eine Mischung aus neuen und alten Titeln – anspruchsvolle aktuelle Filme, die sonst in Krefeld nicht laufen, kann man im Primus-Palast ebenso sehen wie die 40 Jahre alte „Blechtrommel“ oder „Die Warriors“. Spätvorstellungen ab 22 Uhr sind besonders beliebt, aber auch Krefelder Bands spielen hier schon einmal und lokale Künstler nutzen das besondere Ambiente für ihre Aktionen. Und weil der Primus-Palast einfach einzigartig ist, kämpft Karsten Bourdoux auch in weniger guten Zeiten immer wieder für dieses alte Krefelder Programmkino – zum Glück für die Kinofreunde!

Primus-Palast, Lewerentzstraße 40, 47798 Krefeld, Tel. (0 21 51) 31 41 80
www.primus-palast.de
ÖPNV: Bus 058, NE8, Haltestelle Alexanderplatz (ca. 1 Minute Fußweg)

SEBASTIAN KOCH
TOM SCHILLING
EIN FILM VON
FLORIAN HENCKEL VON DONNERSMARCK
WERK
OHNE

Wasser und Weite

19 *Die Rheinpromenade in Uerdingen*

Gibt es etwas Erholsameres, als an einem Frühlingstag auf dem Rheindamm zu sitzen, den Blick über die Weite des Flusses schweifen zu lassen und dabei den dicken Lastschiffen beim Schippern zuzuschauen? An der Uerdinger Rheinpromenade kann man kilometerweit über das Wasser sehen – ein Ort zum Seele-baumeln-Lassen. Und die Menschen genießen das nicht nur auf der Mauer oder auf Bänken sitzend, sondern gerne auch Rad fahrend, als Spaziergänger oder Jogger.

Die einen halben Kilometer lange Promenade beginnt im Süden am 1908 erbauten Rheinschlösschen. Auf der Seite zum Städtchen hin begrenzt ein Parkstreifen mit Blumen und Bäumen den Weg. Geht man nach Norden, erinnert zur Linken das Casinogebäude mit seinem märchenhaften Figurenbrunnen an alte Zeiten. Weiter führt die Promenade über das Rheintor: Das Gitter zeigt farbenfroh das Uerdinger Wappen mit den zwei Schlüsseln des heiligen Petrus als Stadtpatron. Am Tor belegen Markierungen die beeindruckend hohen Wasserstände, die Uerdingen dank seiner soliden Schutzanlagen schon heil überstanden hat. Weiter auf der Promenade erreicht man bald ihr nördliches Ende, an dem ein imposanter Hafenkran anzeigt, wo früher Schiffe entladen wurden. Ein großzügiger Stadtstrand lädt im Sommer zum Entspannen ein.

TIPP In der Trattoria „La Riva" kann man gut sitzen und dem Treiben auf dem Rhein zuschauen.

Auf der Wasserseite der Promenade liegt das tiefer gelegene untere Werftgelände. Hier hat die Stadt ganz viel vor: Neben neu geschaffenen Boulebahnen sind ein Beachvolleyballfeld, Blumenbeete, Gastronomie und viel Platz für Musik, Kunst und Feierabendmärkte geplant. Das Werftgelände soll umgebaut und hübsch gemacht werden – hier könnte tatsächlich ein Glücksort direkt am Wasser entstehen. Wo die Promenade endet, geht das alte Hafengelände weiter – da wird es dann wilder. Südlich führen Schienen und ein Trampelpfad bis zur Uerdinger Rheinbrücke. Am Nordende soll bald das Projekt Rheinblick die großartige Lage mit Blick auf den Strom für Luxuswohnungen erschließen. Die Rheinpromenade verspricht noch so einiges.

Rheinpromenade in Krefeld-Uerdingen, Am Rheintor, 47829 Krefeld
ÖPNV: Bus 831, 941, Haltestelle Am Obertor (ca. 3 Minuten Fußweg)

Sonnendeck und Fuchsbau

20 *Die Mediothek am Theaterplatz*

Ein Kicker im Eingangsbereich? Diese Bibliothek, das merken die Gäste sofort, ist irgendwie anders. Nicht einfach nur ein Depot des gedruckten Wissens, sondern eher „Wohnzimmer der Stadt", beschreibt es Leiterin Evelyn Buchholtz. Ein Ort, an dem sich Menschen begegnen. An dem sie Fragen stellen können und Antworten finden. Ein Ort des Lesens und des Lernens. Und des Spielens. Auch am Kicker.

Offenheit und Begegnung als Leitidee – das spiegelt sich auch in der Architektur des modernen Baus wider, der 2008 eröffnet wurde. Um ein lichtdurchflutetes Atrium herum winden sich Rampen in die Höhe, über die die Besucherinnen und Besucher die verschiedenen Ebenen erreichen können. Zahlreiche Regalreihen mit Büchern erstrecken sich von diesem hellen Kern aus strahlenförmig nach außen. Dazwischen Arbeitsplätze mit Rechnern, an denen Studierende im Internet recherchieren, Tische, an denen Schülerinnen und Schüler in kleinen Gruppen diskutieren und arbeiten, Computer, an denen Leserinnen und Leser mit dem Pressreader internationale Zeitungen studieren. Auf einer Multifunktionsfläche, dem „Sonnendeck", findet sich ein offener Konsolenspielplatz. Nur noch jeder zweite Besucher leiht klassisch Bücher aus. Aber für alle ist die helle und einladende Mediothek ein Ort der Inspiration. Etwa für Musikfreunde bei Konzerten im Foyer, für Schüler bei Mitmach-Aktionen mit naturwissenschaftlichen Experimenten, für Kinder beim Vorlesen im „Fuchsbau", für Krefelder Migranten beim Sprachtraining. 180.000 Medien auf 4000 Quadratmetern: „Unsere Mediothek ist der Zugang zu milliardenfachen Welten", sagt Mitarbeiter Simon Hoffmann. Derweil beantworten am Info-Point im Eingangsbereich die Mitarbeiterinnen geduldig alle Fragen von Besuchern – und von Touristen, die den Bau vom zentralen Theaterplatz aus betreten. Für das Team ist das in Ordnung. „Die Mediothek ist ein lebendiger Ort, hier treffen sich Leute." Das ist nicht immer ganz leise. Aber macht diesen Ort zu einem sehr spannenden Ziel, nicht nur für Bücher-Freunde.

TIPP Ideal für eine Pause: das gemütliche Café Paris zwischen Mediothek und Theater.

Mediothek der Stadt Krefeld, Theaterplatz 2, 47798 Krefeld, Tel. (0 21 51) 86 27 53
www.mediothek-krefeld.de

ÖPNV: Straßenbahn 041, 042, 043, 044 und zahlreiche Busse, Haltestelle Rheinstraße (ca. 5 Minuten Fußweg)

Musik wie von Zauberhand

21 *Sammlung mechanischer Musikinstrumente in Linn*

Karaoke schon vor hundert Jahren? Dieses Pianola im wohl vergnüglichsten Saal des Jagdschlösschens Linn ist der Beweis: Ja, das gab es tatsächlich. Wer vor diesem Instrument sitzt und mit den Füßen zwei Pedale als „Pumpe" bedient, erntet doppelten musikalischen Lohn: Wie von Zauberhand spielt das Klavier eine Melodie und dazu erscheint in einem kleinen Sichtfenster auf einem ruckelnden Papierstreifen der passende Schlagertext zum Mitsingen. Und das alles – dank einer ausgeklügelten Mechanik mit Walzen und Lochkarten – ganz ohne Strom.

Die Sammlung historischer Musikinstrumente – bis zu 200 Jahre alt – ist ein akustischer und optischer Spaß gleichermaßen. Da lassen sich in einer Ecke der wunderschönen Drehorgel der damals populären Limonaire Frères wechselnde Melodien entlocken, was übrigens für die Besucher, die es einmal selbst probieren dürfen, schweißtreibend sein kann. Zwei Meter weiter überrascht ein Luxus-Leierkasten mit zwei zusätzlich verbauten Trommeln und ein Orchestrion wartet gleich mit ganz großem musikalischem Kino samt Flöten, Orgel und Xylophon auf. Bei einem alten Symphonion kann man nach dem Einwerfen eines Geldstücks ansehen, wie die rollende Münze einen Mechanismus auslöst, der am Ende „La Paloma" zum Klingen bringt. Und zweimal am Tag bekommen Besucher ein Glockenspiel über dem Eingang des Schlösschens zu sehen und zu hören: Ein Uhrmacher ließ die Glocken aus Porzellan anfertigen, um zu verhindern, dass sie – wie zuvor geschehen – erneut zu Kriegszwecken eingegossen werden.

TIPP Hören und ausprobieren kann man die Instrumente bei den Führungen sonntags um 14 Uhr.

Die alten Musikautomaten funktionieren mit Lochkarten, erläutert Museumsleiterin Jennifer Morscheiser, ähnlich wie die ersten automatisierten Webstühle in Krefeld. Und das Prinzip der Lochkarte wurde zur Grundidee der Computer: Loch oder kein Loch, „Null" oder „Eins". Spannende Zusammenhänge, gezeigt in der Ausstellung „Von der Lochkarte zur Cloud". Musikautomaten waren eben mehr als ein bloßes Kneipenvergnügen und ihre Sammlung ist ein sehr unterhaltsames Stück Kulturgeschichte.

Museum Burg Linn, Rheinbabenstraße 85, 47809 Krefeld, Tel. (0 21 51) 15 53 90
www.museumburglinn.de
ÖPNV: Straßenbahn 044, Haltestelle Burg Linn (ca. 4 Minuten Fußweg)

ORCHESTROPHONE
LIMONAIRE FRERES
166, Av^ue DAUMESNIL-PARIS

Stöckskes mit viel Humor

22 *Marionetten-Theater Krieewelsche Pappköpp*

Der frech-verschmitzte Matthes, der etwas bedächtige Schäng, der tüddelige und liebenswerte Opa – sie bevölkern den Kosmos der Krieewelsche Pappköpp. Seit vier Jahrzehnten schenken sie der Krefelder Volksseele ihre unverwechselbaren Gesichter aus Pappmaschee – und vor allem die Stimmen, mit denen sie ihre „Mäuzkes", die lustigen Geschichten, auf die Bühne bringen.

In den ersten Jahren waren die Pappköpp noch als Wanderbühne unterwegs, mal in einer Kneipe, mal auf dem Flachsmarkt. Seit 2004 haben sie ein festes Haus – die ehemalige Kirche St. Bonifatius, nach ihrer Entwidmung erst Turnhalle der benachbarten Schule, jetzt dauerhafte Heimat der Pappköpp. 160 Zuschauer sitzen an langen Tischreihen gemütlich bei einem Glas Altbier oder Wein und können so entspannt den Abenteuern ihrer Helden in 25 Aufführungen pro Spielzeit folgen. Die ehrenamtlichen Puppenspieler mit der Begeisterung fürs Fabulieren auf Rheinisch denken sich für ihre „Stöckskes" immer eine Rahmenhandlung aus. So schickten sie ihre Helden zuletzt als „Pappköpp op jöck" auf die Höhen und Tiefen einer echten Kreuzfahrt, eine auch in Krefeld beliebte Urlaubsvariante mit viel Pannenpotenzial. „Mundart ist Volksseele", findet Ensemble-Mitglied Volker Matter. „Was auf Hochdeutsch ordinär klingt, hat auf Platt immer ein Augenzwinkern." Stimmt – und es wäre doch „Driet", wenn das verloren ginge! Aber auch wenn man nicht mit Krieewelsch groß geworden ist – die Stücke versteht man. So können sich Matthes, Schäng, Berta, Traut und die anderen über das Leben in Krefeld freuen und sich gleichzeitig darüber lustig machen, begleitet von Musik, etwa der „Schmackes Brass Band". „Das Lachen des Publikums ist unser Lohn", sagt Matter und die Zuschauer lachen viel und herzlich. Am Ende werden sie dann mit einem munteren Mundart-Song verabschiedet: „Mäuzkes brenge, Ledsches senge, danze, sprenge, dat es Krieewelsch Platt … Suo kalle wir on freuen os an oser Krieewelsch Platt …" Was für ein Glück, diese Sprache zu haben!

TIPP
Im Herbst gibt es immer die Karten für die neue Spielzeit – rechtzeitig reservieren!

Krieewelsche Pappköpp, Peter-Lauten-Straße 62, 47803 Krefeld, Tel. (0 21 51) 77 85 67
www.krieewelsche-pappkoepp.de
ÖPNV: Straßenbahn 041, Haltestelle Gutenbergstraße (ca. 3 Minuten Fußweg)

Der Duft der weiten Welt

23 *Das Café Kosmopolit in der Lindenstraße*

Das Café Kosmopolit ist ein Ort voller Überraschungen. Die erste ist, dass sich hinter diesem baufälligen und von Trägern abgestützten Hausdurchgang an der Lindenstraße ein so großer grüner Innenhof öffnet, ein kleines Paradies aus Kübelpflanzen und blühenden Blumen. Im Sommer sitzen hier die Gäste im Biergarten des Cafés, und wenn der Duft von gebratenem Knoblauch vermengt mit dem Geruch von Jasmin und Thymian durch den Hof weht, wähnt man sich irgendwo im Süden.
Das Restaurant selbst betreten die Gäste durch eine große eisenbeschlagene Holztür – früher das Portal zum Warenlager eines Lebensmittelhandels, später zur Krefelder Möbelmanufaktur „In der Elst". Die hohe Kappendecke und die gusseisernen Säulen in dem leuchtend gelben Hinterhof-Gebäude erinnern noch an die alte Nutzung. Die Betreiber des Cafés, Vera und Emad Goossens, haben dem Industriecharme ein gemütliches Kaffeehaus-Ambiente eingehaucht: Eine Kaminecke, eine Regalwand mit Büchern und heimeliges Licht verbreitende Lampen schaffen eine persönliche Atmosphäre.

TIPP Vera Goossens einzigartige Kunstsammlung auf der Galerie: Alle Werke zeigen Pflanzenmotive!

Und wieso „Kosmopolit"? Nun, hier sei alles international, sagt Emad Goossens. „Pate" des Cafés ist der Weltbürger und Entdecker Alexander von Humboldt, im Café überlebensgroß porträtiert. Die Mitarbeiter kommen von vier Kontinenten, die Küche ist ebenfalls international – vom indischen Lammcurry bis zu provenzalischem Hühnchen, die auf der Speisekarte neben regionalen und saisonalen Gerichten wie Spargel im Mai und Entenbrustsalat im November stehen. Die Weine sind aus aller Welt und die Vielzahl an Spirituosen ist für Emad Goossens ein „europäisches Kulturgut". Bei Reisen entdeckt er immer wieder Neues, das er ausprobiert und in die Speisekarte aufnimmt. Auch die Musik ist ausgesucht: Künstler, die sie sehr mögen, „wie Bob Dylan, Tom Waits oder Miles Davis", würdigen sie an deren Geburtstagen schon einmal durch einen „Abend ohne allzu viel Abwechslung". Das Café Kosmopolit ist eben besonders. Und, wie gesagt, immer wieder überraschend.

Café Kosmopolit, Lindenstraße 7, 47798 Krefeld, Tel. (0 21 51) 5 65 26 36
www.cafe-kosmopolit.de
ÖPNV: Bus 05, NE5, Haltestelle Hochstraße (ca. 1 Minute Fußweg)

24 *Das Hülser Bruch*

Sie stehen robust und knorrig am Wegesrand, ihre Triebe ragen wie Finger in den Himmel und im Dunst des morgendlichen Frühnebels sehen sie ein wenig mystisch aus: Wenn es ein Bild gibt, das für den Niederrhein steht, dann wohl die Kopfweide. Diese Bäume prägen das Gesicht des Hülser Bruchs, etwa entlang des Steeger Dyks. Das Bruch – mit 430 Hektar das größte Naturschutzgebiet der Stadt – ist der richtige Ort für alle, die wandernd, laufend oder Rad fahrend Natur pur erleben wollen. Gleichzeitig hat das Hülser Bruch eine spannende Geschichte: Von der vorletzten Eiszeit angehäuft, vom mäandrierenden Rhein teilweise wieder eingeebnet, fristete das Gebiet lange ein Dasein als unzugängliches Sumpfgebiet. Dann legten Menschen das Bruch trocken, entwässerten es durch Flöthbach und Sankertgraben, legten aus dem Aushub Wege an – die Dyks (Deiche) entstanden. Aus dem Sumpf wurde erst Heide, später Wald. Wenige Feuchtwiesen haben sich bis heute gehalten – so auch ein 10.000 Quadratmeter großes Biotop im südlichen Bruch, das mit seltenen Amphibien, Libellen und Pflanzen als biologisch sehr wertvoll gilt. Wenn im Frühjahr die Sumpfdotterblumen blühen, ist es einfach schön hier.

TIPP Der Förderturm am Restaurant „Krefelder Sprudel“ zeigt, wo hier einst Mineralwasser gewonnen wurde.

Wer durch das Bruch läuft (etwa ausgehend vom Restaurant „Krefelder Sprudel“ nach Norden zum Hülser Berg), kann Bach, Dammwege, Entwässerungsgräben und Tonkuhlen entdecken. Und gleichzeitig die drei höchsten Erhebungen der Seidenstadt erklimmen: zum einen den Kapuzinerberg (77 Meter), eine ehemalige Hausmülldeponie, von deren Gipfel man einen tollen Blick über Krefeld hat, zum anderen den danebenliegenden aus Kriegstrümmern aufgeschütteten Inrather Berg (87 Meter, „Monte Klamotte“) – hier kann man Mountainbiker mit ihren gewagten Stunts erleben. Und zum dritten den Hülser Berg (63 Meter) – die höchste natürliche Erhebung der Stadt, gekrönt vom beliebten Johannesturm, von dem man eine tolle Aussicht über das weite Grün hat. Rund um das Hülser Bruch kann man einen sehr abwechslungsreichen Urlaubstag verbringen!

Hülser Bruch, Ausgangspunkt Krefelder Sprudel, Sprudeldyk 12, 47802 Krefeld
ÖPNV: Bus 052, 060, Haltestelle Flünnertzdyk (ca. 14 Minuten Fußweg), Straßenbahn 044, Haltestelle Kapuzinerkloster (ca. 20 Minuten Fußweg)

Hier fliegen die Fäden

25 *Das Krefelder Haus der Seidenkultur*

Auf knarzenden Dielen stehen die Besucher ganz nah an alten Holzwebstühlen und sehen die Fäden fliegen: Im ersten Stock des Hauses der Seidenkultur erleben sie hautnah mit, wie aus roten, grünen und goldenen Fäden seidene Brokatstoffe mit Vögeln, Blumen und feinen Mustern werden – kostbare Stoffe etwa für liturgische Gewänder. Das ist schon beeindruckend. Bis 1992 hat die Paramentenweberei Gotzes hier im Krefelder Kronprinzenviertel für die ganze Welt gefertigt. Jetzt ist es ein Zentrum, in dem Besucher mit dem Handwerk, das Krefeld einst reich gemacht hat, auf lebendige Tuchfühlung gehen können – unter anderem im einzig authentisch erhaltenen Jacquard-Websaal Europas.

Eine Kunst, die staunen lässt: Für einen Stoff, erfährt man, verarbeitete der Weber 1600 Kettfäden gleichzeitig. Allein die Vorbereitung der bunten Garne dauerte viele Stunden und das Weben selbst erforderte höchste Konzentration. Dabei waren vor der Anfertigung des Brokatstoffs schon andere Gewerke aktiv: die Musterzeichner, die Patroneure, die das Design auf Millimeterpapier in eine den Webvorgang steuernde Lochkarten-Matrix übersetzten, und die Kartenschläger, die die Lochkarten aus Karton gestanzt haben. Schließlich noch die sogenannte Gebildhandstickerin, die die Stoffe mit kunstvollen Applikationen versah. Auch sie können die Besucher bei der Arbeit sehen.

TIPP Sonntagnachmittags gibt es interessante Führungen zu verschiedenen Themen.

In der architektonisch sehenswerten Luisenstraße, die den Krieg relativ unbeschadet überstanden hat, arbeiteten früher 16 Webereien. Das Haus der Seidenkultur hält diese Tradition wach. Unter anderem auch in einem kleinen Garten, in dem zwei echte Maulbeerbäume wachsen, die Futterpflanze für die Seidenraupen. Kinder können in Workshops ausprobieren, wie eine Jeans gemacht wird oder wie ein Seidenkleid aus „Raupenspucke“ entsteht. Und wer Lust hat, kann nach dem Besuch eine echte Krefelder Krawatte erstehen. Dass ein Verein von Ehrenamtlichen dieses Haus offen hält, ist für Krefeld ein Glücksfall!

Haus der Seidenkultur, Luisenstraße 15, 47799 Krefeld, Tel. (0 21 51) 93 69 60
www.seidenkultur.de

ÖPNV: Krefeld Hauptbahnhof, zahlreiche Busse und Bahnen (ca. 4 Minuten Fußweg)

Glück im Rähmchen

26 *Das Brauhaus Gleumes*

„Männe, du weiß doch, ich kann dich heut Abend nich helfen, ich hab doch mein Rähmschen." So könnte – laut Mitmachwörterbuch des Landschaftsverbands Rheinland – einer darauf hinweisen, dass er beim Gleumes verabredet ist. In dem Krefelder Brauhaus ist das „Rähmchen" legendär: der Fensterrahmen hinter der Theke, durch den das Bier an die durchgereicht wird, die es im Stehen trinken wollen, ohne im Gastraum Platz zu nehmen. Früher, berichtet Gleumes-Wirt Toni Arabatzis, hätten die Fabrikbesitzer innen gesessen, die Arbeiter draußen oder im Vorraum gestanden, „an et Rähmke" eben. Auch heute gebe es noch die „Rähmchen-Clique", eine Gruppe inzwischen älterer Krefelder, die sich hier zum Bier verabreden.

Ab 1807 wurde in der Sternstraße Bier gebraut, 1896 übernahm August Gleumes die damalige Brauerei „Zu den drei Kronen". Der repräsentative Bau von heute steht dort seit 1905. Im Inneren hat sich seitdem nicht viel verändert: Die Decken- und Wandvertäfelungen sind so alt wie die Theke mit den drei Kronen in der kunstvollen Glasdekoration. Ein alter Essensfahrstuhl kann noch mit einer Kordel in den ersten Stock gezogen werden. Alles gut gepflegt, aber nicht verändert – das ist dem heutigen als Gastarbeiterkind in Krefeld geborenen Eigentümer wichtig. Die Krefelder seien „herzlich, locker und heimatverbunden", hätten aber empfindlich auf Experimente reagiert, die das Gleumes in der Vergangenheit durchlitten hätte. Er selbst ist Schütze, Karnevalist und Rheinländer pur – und glücklich, dieses traditionsreiche Brauhaus seit 2018 zu besitzen. Auf der Speisekarte stehen rheinische Köstlichkeiten wie Sauerbraten, Schnibbelskuchen und „Himmel un Ääd", die Preise sind moderat und so langsam, berichtet der Wirt, würden die Krefelder ihr Gleumes wiedererkennen. Inzwischen braut der Gastronom auch an der Sternstraße – sodass das obergärige Gleumes, eine Krefelder Bierspezialität nach sehr altem Rezept, wie früher aus dem eigenen Haus kommt. Und wer Durst hat, kommt einfach ans Rähmchen – im Gleumes ist wieder alles in Ordnung.

TIPP

Im Gleumes eine Brauerei-Besichtigung machen oder ein Bierseminar belegen.

Brauerei Gleumes, Sternstraße 12, 47798 Krefeld, Tel. (0 21 51) 2 05 21
www.gleumes-krefeld.de

ÖPNV: Straßenbahn 044, Bus 057, 069, 076, 077, 079, NE7, Haltestelle Friedrichsplatz (ca. 2 Minuten Fußweg)

HAUSBRAUEREI AUGUST GLEUMES
ANNO 1807
30
ZONE

Alles vom Feinsten

27 *Das historische Krefelder Klärwerk in Uerdingen*

Wenn Christoph Becker Besuchern das alte Krefelder Klärwerk in Uerdingen zeigt, spürt man sofort: Der Mann brennt für dieses nach seiner Überzeugung „außergewöhnliche Meisterwerk". Und er ist entschlossen, es vor dem Verfall zu retten. Das hat das alte Klärwerk auch verdient: wunderschöner Jugendstil, bauhistorisch absolut spannend, eines von drei Klärwerken der Jahrhundertwende in Europa, die überhaupt erhalten sind. Ein „Palast der Hygiene", wenn auch zernagt vom Zahn der Zeit.

Gebaut wurde das Klärwerk 1908/1909, nachdem die Regierung die Stadt Krefeld dazu verdonnert hatte, ihre Abwässer vor der Einleitung in den Rhein zu reinigen. Sie ließ das Werk in Uerdingen errichten, in der damals revolutionären Stahlbeton-Bauweise, die es erlaubte, zwei große Hallen für Kläranlage und Pumpwerk ohne Säulen freitragend zu konstruieren. Dabei ließ sich die Stadt nicht lumpen: Terrazzo-Boden, Lava-Basalt aus der Eifel, Kacheln aus Thüringen, große Dachlaternen für Licht und Luft, repräsentatives Entree, alles vom Feinsten. Wer das Gebäude betritt, spürt, wie es den damals modernen Jugendstil mit seiner floralen Ornamentik und seinen weichen und runden Formen von der Dachform bis zu den gebogenen Fenstern atmet.

TIPP Führungen können über die VHS oder den Verein zum Erhalt des Klärwerks gebucht werden.

Auch die mechanische Reinigungstechnik mit extrafeinen Rechen war vorbildlich – und immerhin bis 1962 in Betrieb. Danach baute Krefeld ein neues Klärwerk, das Denkmal verkam trotz einer Zwischennutzung und einer Sanierung immer mehr. Heute hat das Gebäude den Charme eines Lost Place. Vier Freunde – sie betreiben zusammen eine Eventagentur – haben sich in das Klärwerk verliebt und es jetzt gekauft. Sie haben einen Verein zum Erhalt des Industriedenkmals gegründet, begannen seinen Verfall zu stoppen und es der Öffentlichkeit zugänglich zu machen. Und sie sprühen vor Ideen – etwa auch Führungen in die beeindruckende Kanalisation zu ermöglichen, die an Szenen aus „Der dritte Mann" erinnert. Ein Riesenprojekt, aber wie es nach einer Kunstaktion in großen Lettern auf der Fassade des Klärwerks steht: „Hauptsache, es ist schön."

Historisches Klärwerk Krefeld, Rundweg (ganz am Ende), 47829 Krefeld, Tel. (0 21 51) 9 71 87 38
www.klaerwerk-krefeld.org

ÖPNV: Straßenbahn 043, Bus 054, 927, Haltestelle Mündelheimer Straße (ca. 10 Minuten Fußweg)

Tollen, toben, Stall ausmisten

28 *Der Mitmach-Bauernhof Mallewupp*

Auf Mallewupp leben: 24 Hühner, 3 Pferde, 3 Ziegen, 2 Schweine, 5 Schafe, 9 Kaninchen, 3 Enten, 3 Gänse, 2 Katzen, ein Esel und ein Hund. Und alle haben einen eigenen Namen. Das sagt schon viel über das Herzblut aus, mit dem die Mallewupp-Mitarbeiter ihre Schützlinge hegen und pflegen. Von Lucky, dem Therapiepferd, bis zu Moby Dick, einer Mastente, die hier ihren Ruhestand verbringen darf. Ein Glücksort für die Tiere, das sieht man sofort. Bewacht wird das Gelände übrigens nicht von Shady, dem Beagle, sondern von Olga, Agatha und Käthe, den drei Gänsen. Die können ganz schön zetern, wenn jemand die weitläufige Anlage in der Schrebergartensiedlung Uhlenhorst betritt.

Aber Mallewupp ist kein Tierpark, sondern ein Mitmach-Bauernhof für Kinder. Vor 15 Jahren von Eltern und Pädagogen gegründet ist der Hof mit seinen Ställen, Gehegen, Tierhäusern, Komposthaufen, Pflanzkästen, Kartoffelstreifen und Gemüsebeeten eine feste Institution in Krefeld. Viele Ehrenamtliche und nur wenige Teilzeitkräfte haben hier schon Tausenden von Kindergarten- und Schulkindern gezeigt, wie man ein Schaf schert, einen Stall ausmistet, Petersilie sät, wie sich das Fell eines Schweins anfühlt und wie Gänse-Rührei schmeckt. Landleben als Abenteuer – mitten in der Stadt. „Manche Kita-Gruppen kommen jeden Monat und erleben dabei den Jahreskreislauf auf einem Hof“, berichtet die stellvertretende Leiterin Alina Schrapers. Andere Kinder kommen zu besonderen Workshops, etwa zum Thema Schaf, Hühner, Pony oder Schwein, und lernen dabei, für Tiere auch selbst Verantwortung zu übernehmen. Heuschlacht und Lagerfeuer inklusive: Tollen und Toben gehören hier auch zum Hofleben. Wer den Mitmach-Bauernhof kennenlernen will, kann dies am besten bei einem der vielen Feste: Ostern, Walpurgisnacht, Erntedankfest, St. Martin, Nikolaus, irgendwie ist hier immer etwas los. Oder an einem der offenen Nachmittage: Dienstag für Kinder, Mittwoch für Jugendliche. „Eigentlich“, sagt Alina Schrapers, „ist Mallewupp immer ein bisschen wie Urlaub.“

TIPP

Das Mallewupp-Angebot ist riesig – Überblick im Internet!

Mitmach-Bauernhof Mallewupp, Uhlenhorst 19, 47803 Krefeld, Tel. (01 72) 1 35 39 29
www.mallewupp.de

ÖPNV: Straßenbahn 041, Haltestelle Obergplatz (ca. 10 Minuten Fußweg), Bus 057, 061, Haltestelle Girmesgath (ca. 12 Minuten Fußweg)

Live ist Musik am schönsten

29 *Der Jazzkeller in der Lohstraße*

Am Anfang ist da diese Treppe, die der Gast runtermuss. Ein Dutzend Stufen, an deren Ende Inhaber Bernard Bosil jeden Besucher persönlich begrüßt und ihm eine Karte in die Hand drückt. Auf die schreibt er den Vornamen – für die Getränke. Dann orientiert man sich als Neuankömmling im schummrigen Halbdunkel, links die Theke, in der Mitte zwischen zwei Säulen die Bühne, an den Längswänden Sitzbänke, für Tische ist in dem schmalen Raum nicht viel Platz. Kurz nach 20 Uhr ist es dann schon rappelvoll – denn die Jazz-Session ist ein Magnet. Die Gäste zwischen 18 und 80 Jahren beobachten die Bühne, auf der sich die Musiker gerade einrichten. Heute eröffnet das Krefelder Sollbrüggen-Quartett mit Kontrabass, E-Gitarre, Piano und Drums die Session, verstärkt durch eine klassische Cellistin – eine besondere Kombination.

Seit 1958 gibt es den Jazzkeller in der Lohstraße. Damals war Oldtime Jazz angesagt und am Sonntag traf man sich um 11 Uhr zum Dixieland-Frühschoppen. Später kam die Beat-Musik auf und im Jazz die „Modernisten". Der Keller hat mehrere Besitzer erlebt und noch mehr Musiker: von Udo Lindenberg (damals noch Page im Breidenbacher Hof) über Helge Schneider (zu der Zeit auch er noch unbekannt) bis zur Jazzlegende Klaus Doldinger. Ein echtes Dromedar schaffte es einmal in den Keller (eine Wette), Symbol des Jazzkellers wurde aber – ein Geier. Seit 2006 führen Bernard Bosil und Jeanette Wolff den Keller, gemeinsam mit dem Jazzklub Krefeld füllen sie ihn musikalisch. Jazz-Attack, Funky Friday und die Jazz-Session sind beliebte Reihen, aber auch das Keller-Quiz und das Keller-Karaoke locken das Publikum die Stufen hinunter.

TIPP Die Jazz-Session nach Weihnachten ist einfach Kult – und immer voll.

Das Sollbrüggen-Quartett entführt die Gäste an diesem Abend auf eine erstaunliche Reise durch den Jazz – mal instrumental, mal mit viel Stimme, von einer leicht verjazzten Ballade bis hin zum Schluss-Song „What a wonderful world". Die Gäste singen mit, der Keller bebt. „Das Schönste, was es gibt, ist einfach Livemusik", sagt der Moderator des Abends. Dafür ist der Jazzkeller der Beweis.

Jazzkeller, Lohstraße 92, 47798 Krefeld, Tel. (01 62) 2 01 31 45
www.jazzkeller.info

ÖPNV: Haltestelle Rheinstraße, zahlreiche Busse und Bahnen (ca. 3 Minuten Fußweg)

BASIX

Lichtinsel im Blütenmeer

30 *Adolf Luthers Stehlinsen am Ostwall*

Wer über den Mittelstreifen des Ostwalls flaniert, wird kurz vor der Haltestelle Rheinstraße von einer fast märchenhaften Installation überrascht: Inmitten eines üppigen Rosenbeets recken sich zwischen weißen Blüten auf beiden Seiten des Weges 16 Stelen in die Luft, gekrönt von großen, runden Acrylglas-Linsen. Diese drehen sich im Wind, mal langsam, mal schneller, und reflektieren auf immer neue Weise die Fassaden der umliegenden Häuser, den Himmel und die angrenzenden Bäume. Ein Spiel mit dem Licht, das immer in Bewegung bleibt: Je nach Sonnenstand, Windverhältnissen und Jahreszeit ergibt sich eine unendliche Zahl von Abbildern des Boulevards, dessen großzügige Anlage noch erahnen lässt, wie reich Krefeld früher war. Die auch „Linsenallee" genannte Installation führt dem Betrachter die Flüchtigkeit dieser Schönheit und die Zerbrechlichkeit einstiger Pracht vor Augen, möchte man meinen. Und sie erschafft doch eine neue zauberhafte Ästhetik. Eine kleine Insel des Lichts, die anzusehen Spaß macht – eines der originellsten Outdoor-Kunstwerke der Stadt.

TIPP Im Juni, wenn die weißen Rosen blühen, ist die „Linsenallee" besonders beeindruckend.

Adolf Luther, der Schöpfer der Stehlinsen, war Uerdinger. Das Licht und das Spiel mit Hohlspiegeln haben den Künstler, lange Zeit als Jurist im Richteramt, sein Leben lang beschäftigt. Licht war für ihn Energie: eine physikalische Erscheinung und gleichzeitig eine künstlerische Herausforderung. Die Art, wie er Lichtphänomene nutzte, um mit ihnen den öffentlichen Raum neu zu interpretieren, hat international Aufsehen erregt. Luther hat für das Kanzleramt in Bonn, die Olympischen Spiele in München oder das Goethe-Institut in Rom gearbeitet, aber auch Werke im Rheinland hinterlassen, etwa im Düsseldorfer Hauptbahnhof und in der Tonhalle. In Krefeld ist neben der „Linsenallee" die 19 Meter lange „Sphärische Hohlspiegelwand" in der Sparkasse Hansastraße zu sehen. Das Atelierhaus des 1990 gestorbenen Künstlers in der Viktoriastraße ist heute Sitz der Adolf-Luther-Stiftung, die seinen Nachlass pflegt. So schenken die Werke des Krefelder Künstlers der Stadt weiter ihren lichtvollen Glanz.

Adolf Luther, Stehlinsen, Ostwall (auf Höhe der Hausnummer 125), 47798 Krefeld
www.adolf-luther-stiftung.com

ÖPNV: Haltestelle Rheinstraße, zahlreiche Busse und Bahnen (ca. 2 Minuten Fußweg)

Gässchen und Plaudertüren

31 *Ein Spaziergang durch die Linner Altstadt*

Glück haben sie immer gehabt, die Linner – sagt der Linner Peter Liesefeld. Denn die historische Altstadt, jener kleine Ortskern von rund 300 mal 300 Metern Fläche, bis heute umgeben von einer Stadtmauer, wurde „nie zerstört". Und das sehen Besucher ihr an: verwinkelte Gassen, Fachwerkhäuser mit und ohne Putz, kleine Geschäfte und Cafés mit viel Charme. Und doch nicht von Touristen überlaufen, sondern auf einladende Art familiär. Wobei sich „eene echte Linn'sche" nur nennen darf, wer innerhalb der Mauern geboren ist.

Alt-Linn kann man auf eigene Faust erkunden – oder sich bei einem geführten Rundgang auf eine spannende Entdeckungsreise mitnehmen lassen: zu ganz altem Straßenpflaster aus Rheinkieseln, über Häuser mit „Plaudertüren", bei denen man die obere Hälfte der Türen aufklappen konnte, um bequem auf die geschlossene untere Hälfte gelehnt mit den Nachbarn zu klönen, ohne dass die (im Winter im Haus gehaltenen) Hühner ausbüxen konnten. Bis hin zu schrägen Fenstern, die erkennen lassen, wo die Bauten auf dem sandigen Untergrund abgesackt sind. Auf der Albert-Steeger-Straße verraten Brezeln und Löwen im Wappen eine Bäckerei, auf dem Margaretenplatz zeigen die Umrisse im Boden, wo die alte Kirche stand – auch sie ein Opfer des Mühlenbachs, der die Stadt um- und unterspült hat. Zwischen Rheintor, Steintor und Bruchtor erstreckt sich das Örtchen, dass um 1314 zur Stadt ernannt und 1901 nach Krefeld eingemeindet wurde.

TIPP

Ein leckeres Stück Kuchen im Museumscafé – und das Museum selbst besuchen!

Dass Linn immer eine beeindruckend hohe Dichte an Wirtschaften hatte, liege, so erklärt Peter Liesefeld, nicht (nur) am Durst der Linner, sondern daran, dass der „Linn'sche Herrgott", ein Reliquiar mit einem Splitter vom Kreuze Jesu, schon immer Tausende von Pilgern nach Linn gelockt hat – bis heute. Und dann ist da ja auch noch die sagenumwobene Burg Linn, aber das ist eine andere Geschichte … Wer nach diesem informativen und unterhaltsamen Rundgang Lust auf einen Kaffee hat – kein Problem, Linn ist auch in dieser Hinsicht beglückend einladend!

„Menschen und Häuser – Rundgang durch Alt-Linn", Museum Burg Linn, Rheinbabenstraße 85, 47809 Krefeld, Tel. (0 21 51) 15 53 90
www.museumburglinn.de und www.kr-linn.de

ÖPNV: Straßenbahn 044, Bus 047, 059, Haltestelle Burg Linn (ca. 3 Minuten Fußweg)

Spörkis
Bären
+
Teddyklinik

Baden zwischen Seerosen

32 *Das Naturfreibad Neptun in Fischeln*

„Eigentlich", sagt die Fischelnerin Karin Nohr, „haben wir hier unseren großen Garten mit eigenem See." Das mit dem Garten ist untertrieben: Immerhin 13.000 Quadratmeter ist das sattgrüne Wiesengelände um den See im Krefelder Süden groß. Und die reine Wasserfläche hat mit mehr als einem Hektar auch nicht gerade Gartenteich-Größe. „Ein Ort der Erholung und der Entschleunigung", schwärmt Thomas Nohr vom Vorstand des SV Neptun, der das Bad betreibt.
Das Freibad Neptun gibt es seit 1920. Damals erwarb der Verein das Baggerloch, das zuvor als Kiesgrube diente, für 50.000 Reichsmark. Jedes Mitglied musste einen Hundert-Mark-Anteil zeichnen, um den Traum vom eigenen See Wirklichkeit werden zu lassen. Ein Jahrhundert ist das her – heute spenden immer noch alte Kastanien, Trauerweiden und Birken den Badegästen Schatten, die sich auf der Wiese am höher gelegenen Seeufer ein Plätzchen suchen. Ein Spielplatz mit großem Piratenschiff, ein Beachvolleyball-Feld und ein Fußballfeld ergänzen das Angebot der gut gepflegten Anlage. Auf dem Wasser des Naturfreibads können die Badegäste zwischen duftenden Seerosen schwimmen, eine ruhige Runde am Schilfbewuchs vorbei drehen, auf der Schwimminsel toben oder sich im geschützten Schwimm- und Wasserballfeld aufhalten.

TIPP Direkt nebenan ist der schöne und weitläufige Stadtpark Fischeln.

Das Bad gilt, obwohl es so alt ist, immer noch als kleiner Geheimtipp in Krefeld. Dabei hat der Verein es in den letzten Jahren schick herausgeputzt. Die neueste Attraktion ist „Neptunes Beach", ein gemütlicher Biergarten am Ostufer mit Blick über den See. Bequeme Sessel aus frisch lasierten Holzpaletten mit blauen Sitzkissen, ein großer Schwenkgrill, viele Leckereien und die Lage unter den Bäumen verleihen dem Café am Seeufer eine besondere Atmosphäre. „Neptunes Beach" können die Gäste auch ohne Schwimmbad-Eintritt besuchen. Und wer wie Karin und Thomas Nohr das Freibad Neptun zum eigenen Garten erkoren hat, bekommt noch ein kleines Extra: Vereinsmitglieder haben einen Schlüssel und können sogar nachts ins Freibad. Sehr romantisch!

Freibad Neptun, Mühlenfeld 121, 47807 Krefeld, geöffnet Mai bis Oktober, Tel. (0 21 51) 31 11 50
www.svneptun.de
ÖPNV: Bus 047, 060, 061, Haltestelle Freibad Neptun

Insel der Ruhe

33 *Krefelds Stadtkirche St. Dionysius*

„Wenn es dir guttut, dann komm!“ steht auf der Glastür der Stadtkirche St. Dionysius im Herzen der Stadt. In der Tat: Während vor der Tür Händler aus der Region Obst und Fleisch anbieten, tauchen die Gäste im Innern in eine Oase des Lichts und der Ruhe ein. Die stattliche Hallenkirche mit ihren marmorverkleideten Säulen und den sonnendurchfluteten Kirchenfenstern ist eine Einladung, einen Gang zurückzuschalten. Viele Besucher nehmen sie an: Vor einem blumengeschmückten Marienbild sitzen ein Vater und seine Tochter in einer Bank und reden leise, auf der gegenüberliegenden Seite zündet eine ältere Dame eine Kerze an, in den Holzbänken genießen Stadtbesucher eine Auszeit vom Einkaufen.

Diese Kirche, deren 72,5 Meter hoher Turm als eines von Krefelds Wahrzeichen gilt, ist in mancher Hinsicht besonders: Sie ist Citykirche, mit kaum eigener Gemeinde, berichtet Kaplan Dennis Rokitta. Und doch sei sie, wenn die Messe gefeiert wird, gefüllt mit Menschen, die sie wegen ihrer besonderen Atmosphäre aufsuchen. Besonders ist auch die Lage: Sie liegt mitten auf der Hauptverkehrsachse von Rheinstraße und Dionysiusstraße und unterbricht sie einfach. Die Architektur greift das auf: Ein Glasportal auf der einen Seite und ein Fenster im Chorraum auf der anderen Seite geben den Blick nach draußen frei. „Wenn ich predige, sehe ich hinter der Gemeinde schon einmal einen Krankenwagen, Passanten mit ihren Regenschirmen oder die Brautpaare vom Standesamt nebenan“, berichtet der Kaplan. „Kirche mitten in der Stadt eben.“

TIPP St. Dionysius hat sehr gute Kirchenmusik, etwa den „Internationalen Orgelzyklus“.

Gut 250 Jahre alt ist die dem Stadtheiligen Dionysius gewidmete Kirche, seitdem vielfach umgestaltet. Nach den verheerenden Luftangriffen 1943 war der Turm einer der wenigen noch stehenden Bauten in der Innenstadt, damals ein Symbol der Hoffnung. Ein Glücksfall ist die Citykirche auch für weniger gut gestellte Krefelder: Jeden Samstagvormittag verwandelt sich ein Teil des Kirchenschiffs in eine Tafel mit kostenlosen Lebensmitteln. Es gibt viele Menschen, denen diese Kirche guttut.

Stadtkirche St. Dionysiuskirche, Dionysiusplatz, 47798 Krefeld, Tel. (0 21 51) 60 21 90
www.johannes23-krefeld.de

ÖPNV: U-Bahn U70, U76, Straßenbahn 041, 042, 043, 044 und zahlreiche Busse, Haltestelle Ostwall/Rheinstraße (ca. 7 Minuten Fußweg)

Uraltes Wasserparadies

34 *Die Naturlandschaft der Niepkuhlen*

Die Wasseroberfläche schimmert hell in der Abendsonne. Irgendwo dümpelt ein Haubentaucher vor sich hin. Die Ufer sind von Röhricht gesäumt. An einem Spazierweg entlang des kleinen Sees erklären Hinweistafeln die Bäume: Aschweiden, Schwarzerlen, Rotbuchen. Niederrhein pur, nur wenige Hundert Meter von der Krefelder City entfernt. Die Niepkuhlen sind ein mystischer Ort mit einer spannenden Geschichte. Hier floss viele Tausend Jahre der Rhein entlang, bevor dieser circa 10.000 v. Chr. sein Bett nach Osten verlagerte. Der alte Rheinarm verlandete, es bildete sich ein Moorgebiet. Im 18. und 19. Jahrhundert bauten die Menschen die Torfschicht als billigen Brennstoff ab – die „Kuhlen" entstanden und liefen mit Grundwasser zu. Jetzt reihen sich die Seen wie an einer Perlenkette aneinander – wer wissen will, wo der Altrhein verlaufen ist, muss nur auf eine Karte schauen und kann die Reihe der kleinen Gewässer und der sie verbindenden Bäche vom Krefelder Norden über Neukirchen-Vluyn bis nach Issum verfolgen. In Krefeld ist der Altrhein in drei Naturschutzgebieten erhalten: Niepkuhlen, Riethbenden und Waldwinkelkuhle. Alle gelten mit ihren naturnahen Laubwäldern und Feuchtbiotopen als wertvolle Ökosysteme, von der Armleuchteralge bis zum Zottigen Weidenröschen reicht die Liste der dort heimischen Pflanzen. Dazu gesellen sich Libellen, Amphibien und Wasservögel. Allerdings bedroht zunehmende Trockenheit auch dieses Idyll: In den vergangenen Jahren ist der Wasserstand phasenweise dramatisch gesunken. Von der Heyenbaumstraße aus kann man das Naturschutzgebiet Riethbenden gut erkunden, eine kleine Aussichtsplattform ist vom dort beginnenden Hermann-Kresse-Weg aus in den See gebaut. An der Nieper Straße führt eine jüngst frisch sanierte Holzbrücke quer über die Niepkuhlen. Zu jeder Tages- und Jahreszeit zeigt sich dieses Naturparadies in anderen Farben – ein Glücksort, an dem Naturfreunde immer wieder Neues entdecken können!

TIPP Unbedingt Fotoapparat mitnehmen – viele großartige Motive!

NSG Niepkuhlen und NSG Riethbenden: Ausgangspunkt Heyenbaumstraße/Ecke Heidedyk
ÖPNV: Bus 058, Haltestelle Heyenbaumstraße (ca. 2 Minuten Fußweg)

Ein Fest für alle Sinne

35 *Der Flachsmarkt in Linn*

Beim Drechsler riecht es lecker nach Zedernholz. Beim Seifensieder weht einem ein kernig-frischer Duft entgegen. Der Imker verarbeitet fruchtigen Honig – ein Genuss. Und der Bonbonmacher erst! Auch was die Lederschneiderin nebenan erschafft, riecht unverwechselbar. Und dann sind da die Essensstände, wo gegrillt, gegart und gewürzt wird – ein Fest für die Nase. Die Düfte auf dem Flachsmarkt sind ein Erlebnis. Auf diesem Markt kann man das Treiben von Handwerkern sehen, riechen und hören. Hier findet man mehr als 300 meist alte Berufe – und die, die sie noch beherrschen, zeigen den Besuchern ihre Kunst mit Vergnügen: Blaudrucker und Buttermacher, Intarsienkünstler und Kirchenmaler, Kreiselschnitzer und Messerschleifer, Perückenmacher und Marionettenbauer. Da wird Porzellan bemalt und Garn gesponnen, werden Zylinder, Zigarren und Zunderschwämme hergestellt, da geht man von Stand zu Stand und staunt, was Menschen vergangener Generationen alles konnten.

Dazwischen musizieren kostümierte Gestalten auf alten Instrumenten, zeigen bunt gekleidete Gaukler und Sänger ihre Kunst, sind Leierkastenspieler unterwegs. Die beliebten Ritterspiele sind ohnehin ein Höhepunkt für die Augen: Die Anhänger dieser Kunst demonstrieren auf Pferden ihr Können im Ringstechen, Rolandsreiten und der Sauhatz – für große und kleine Zuschauer ein Riesenspektakel. Und während der Turnierpausen kann man im Ritterlager sehen, wie die Darsteller während der Pfingsttage in ihren Zelten leben – ein bisschen verrückt, aber schön.

TIPP Großes Extra-Angebot für Kinder – Übersicht auf der Homepage!

Flachsmärkte gab es in Linn seit der Ernennung zur Stadt in der ersten Hälfte des 14. Jahrhunderts. Erst auf dem Andreasmarkt, später auch im Umfeld der Burg. Vor gut hundert Jahren schlief diese Tradition ein, 1974 hatten Linner Bürger die Idee, diesen Brauch wiederzubeleben. Ein Riesenerfolg: Mehr als 40.000 Menschen strömen über die Pfingsttage zu diesem großartigen Handwerkermarkt. Ein echtes Highlight für die Stadt.

Linner Flachsmarkt, Arbeitsgemeinschaft Flachsmarkt e. V., Burg und Altstadt von Linn, 47809 Krefeld, immer zu Pfingsten
www.flachsmarkt.de

ÖPNV: Straßenbahn 044, Haltestelle Burg Linn (ca. 3 Minuten Fußweg)

Leichter Duft des Glücks

36 *Der Botanische Garten*

Rosen sind eine Welt für sich – weiß Birgit Loy, Leiterin des Botanischen Gartens in Krefeld. Allein schon die Vielzahl der Düfte: Da gibt es die süßlichen, die frisch-zitronigen, die schwer duftenden Blüten und die leicht-zarten, bei denen der Betrachter sich vorbeugen muss, um sie intensiver wahrzunehmen. Und dann die Farben: dunkelrot oder lachsfarben, strahlend weiß oder gelb, und die Rosen ganz in Rosa. Da wachsen gefüllte „Romantiker-Rosen" und Edelrosen und es sprießen – nicht minder spannend – Wild-, Strauch- und Kletterrosen.

Das Rosarium mit seinen 150 Sorten ist einer der Lieblingsorte der Krefelder, die den Botanischen Garten am Rande des Schönwasserparks regelmäßig besuchen. Andere, berichtet die Leiterin des Gartens, studieren am liebsten den „Apothekergarten": Welche Kräuter bieten sich für einen abendlichen Tee zum Selbermachen an? Wie sieht Baldrian eigentlich als Pflanze aus? Im „Systematischen Garten" stellen die Botaniker Kreuzblütler oder Nachtschattengewächse exakt sortiert dar. Und auch das Kultivieren bedrohter Arten gehört in der 3,6 Hektar großen Anlage seit fast hundert Jahren zum Auftrag. Kann ein Kaktus glücklich machen? Für die Krefelder Kakteen-Freunde keine ernst zu nehmende Frage: Natürlich kann er das. Sie unterstützen den Botanischen Garten bei der Pflege des „Sukkulenten-Hauses", einem kleinen Paradies für Freunde der (nicht immer) dornigen Pflanzen aus trockenen Regionen. Aber auch die Flora der Kanaren und des Mittelmeers erwartet die Besucher dieses Hauses – Urlaubserinnerungen garantiert. Die Pflanzenwelt des Botanischen Gartens zeigt sich in jeder Jahreszeit in neuen Farben. Bei Frühjahrs-, Sommer- oder Herbstführungen können die Besucher sich in diese Welt entführen lassen. Oder sie auf eigene Faust erkunden – der Eintritt ist frei. Ein Ehepaar, berichtet Birgit Loy, kommt jeden Tag zum Spaziergang und findet jeden Tag etwas Neues: Mal treibt eine Blume aus, mal öffnet sich eine Blüte, ein Glücksort für die Sinne. Nicht nur im Rosengarten.

TIPP Bei der „Art of Eden" stellen Künstler zwischen Beeten Unikate für den Garten aus – erstes Mai-Wochenende.

Botanischer Garten, Schönwasserstraße/Ecke Johansenaue, 47809 Krefeld, Tel. (0 21 51) 54 05 19
www.krefeld.de

ÖPNV: Straßenbahn 044, Haltestelle Botanischer Garten (ca. 5 Minuten Fußweg)

Nussig mit leichter Süße

37 *Café und Rösterei Beans & Sweets*

Wenn die Bohnen langsam Farbe bekommen, muss Sascha Tessier aufpassen. Jetzt noch einmal richtig Hitze dazugeben – die Augen am kleinen Sichtfenster der Röstmaschine, die Finger am Display der Elektronik, die die Gaszufuhr steuert. Einmal noch das Proberöhrchen an der Vorderseite herausgezogen, das eine Handvoll Kaffeebohnen direkt aus der Röstung zum Vorschein bringt, ein kritischer Blick, eine Geruchsprobe, dann sieht er zufrieden aus. Eine Klappe wird geöffnet und der Inhalt des Röstkessels ergießt sich in die Auffangschale am Fuß der Maschine, wo die Bohnen von einer Spirale in Bewegung gehalten werden, bis sie ausgekühlt sind. Einige Kilo „Uerdinger Blend" sind fertig, eine Arabica-Mischung, „nussig, schokoladig, fruchtig und von leichter Süße".

Die schmucke Röstmaschine im Eingangsbereich von Beans & Sweets ist ein Hingucker. Glänzendes Chrom, mannshoch, und die Café-Besucher können live erleben, wenn Sascha Tessier – immer hochkonzentriert – die grünen Bohnen oben in den Trichter gießt, um sie im eine Viertelstunde dauernden Röstprozess zu duftenden dunkelbraunen Kaffeebohnen zu veredeln. Unterdessen kann es passieren, dass seine Schwester Christine hinter der Theke Kuchen backt: Am liebsten ausgefallene Cheese Cakes, etwa Erdbeer-Basilikum, Apple Pie oder Möhrenkuchen. „Carrot Cake" steht auf dem Schild der Glasvitrine, schließlich stammen die beiden aus Kanada und das Rezept ist von der Großmutter.

TIPP Geröstet wird hier meistens morgens – Sascha fragen!

Vor fünf Jahren haben die Geschwister ihre beiden Leidenschaften in die Idee dieses Cafés gegossen: Er liebt Kaffee in allen Varianten, sie kümmert sich um die „Sweets". Dass das markante Eckhaus mit den runden Fenstern in der Niederstraße zu mieten war, kam ihnen da gerade recht. Und seitdem empfängt der Duft des frisch gerösteten Kaffees (zum Teil direkt bezogen von Bauern in Peru, Kolumbien und Brasilien) die Besucher. Sie können ihn im Beans & Sweets abgepackt kaufen oder in dem gemütlichen Lokal an alten Holztischen direkt trinken. So oder so ein köstliches Aroma!

Beans & Sweets, Niederstraße 79, 47829 Krefeld, Tel. (0 21 51) 7 89 14 11
www.beans-and-sweets.com

ÖPNV: Straßenbahn 043, RB 35 und zahlreiche Busse, Haltestelle Uerdingen-Bahnhof (ca. 4 Minuten Fußweg)

GIESEN

Segeln, rudern, chillen

38 *Der Elfrather See*

Für Frank Steinbach ist Segeln pures Glück: „Unter dir das Wasser, über dir der Wind, du machst Sport und bist mit tollen Leuten zusammen." Genießen kann der leidenschaftliche Segler Sonne, Wind und Wellen auf dem Elfrather See: Der frühere Baggersee, einst ausgekiest für die nahe gelegene A57, ist inzwischen Krefelds größtes Wassersport-Dorado. Auf 640.000 Quadratmetern Wasserfläche tummeln sich Segler und Windsurfer, Ruderer und Kajakfahrer, Taucher und Triathleten. Im Freizeitpark um den See können die Krefelder Minigolf oder Volleyball spielen, Drachen steigen lassen oder grillen. Oder einfach spazieren gehen und von der Café-Terrasse an der Südspitze den Blick auf das Wasser genießen.
So richtig voll wird es hier immer im Sommer: Dann lädt der SC Bayer 05 Uerdingen seit drei Jahrzehnten zum Triathlon ein. Mehr als 1200 Sportsfreude schwimmen dann über den See (was sonst nicht möglich ist), laufen und fahren mit dem Rennrad, angefeuert von 10.000 Zuschauern. Diese nutzen die Gelegenheit, um rund um den See ein großes Fest zu feiern – den größten Sportevent der Stadt. Der Elfrather See ist als Regatta-Strecke konzipiert – 2,2 Kilometer Länge ermöglichen den international erfolgreichen Krefelder Ruderern gute Wettkampf- und Trainingsbedingungen. In gleich vier Sportvereinen nutzen Segelfreunde diese lange Distanz auf dem Wasser.

TIPP Eine Runde um den See ist 6,5 Kilometer lang – hübscher Spaziergang!

Der zum Park gehörende Badesee ist wegen der Gänse, die das Gewässer ebenfalls lieben, inzwischen gesperrt. Dafür hat die Stadt einen anderen ehrgeizigen Plan: In der zwei Hektar großen „Wavegarden Cove Lagune" sollen bis zu 1,95 Meter hohe Wellen „das berauschende Gefühl des Surfens auf der perfekten Welle" bescheren. Die Anlage soll auch Wellness und Gastronomie bieten, 2023 fertig sein und 200.000 Besucher jährlich anlocken – ein neues Highlight der Stadt. Doch auch weiterhin werden die Krefelder beim Spazieren und Radfahren rund um ihren „E-See", wie sie ihn nennen, einfach den schönen Anblick der Segelboote genießen.

Elfrather See, Parkplatz P1, Bruchweg/Höhe Rather Straße, 47829 Krefeld
ÖPNV: Bus 058, Haltestelle Elfrather See (ca. 4 Minuten Fußweg)

120
116

Glück und Gänsehaut

39 *Die mittelalterliche Burg Linn*

Wer das Kribbeln einer Gänsehaut gelegentlich ganz gerne mag, der ist in dieser Burg genau richtig. Der Blick etwa ins finstere Verlies im Bergfried – ist das nicht ein bisschen gruselig? Das Kurfürstenzimmer mit seiner Sammlung an Ritterrüstungen und Waffen von der Frankenaxt bis zum Morgenstern: Wer hat damit bloß gekämpft? Schließlich das Skelett des ersten Burgherrn Otto von Linn, wie es so daliegt in der an den unteren Rittersaal grenzenden Burgkapelle: Mehr als 800 Jahre Geschichte sind da aufgebahrt – das ist schon ziemlich beeindruckend.

Die Burg Linn ist spektakulär: eine der größten Wasserburgen des Niederrheins, der größte Teil ist noch original aus dem 13. Jahrhundert, eine klassische Doppelburg aus wehrhafter Hauptburg zum Wohnen und Vorburg zur Versorgung. Die in die Burgmauer eingelassenen Kanonenkugeln neben dem Torhaus signalisierten: Hier haben Angreifer keine Chance. Zu Beginn des 18. Jahrhunderts wurde die Burg trotzdem niedergebrannt und war erst einmal ruiniert. Erst in der Nachkriegszeit wurde sie restauriert, in den 1980er-Jahren bekam sie ihr heutiges (nicht ganz historisches) Dach.

TIPP Viele Angebote für Kinder, von besonderen Führungen bis zum Kindergeburtstag!

Jetzt ist die Burg so lebendig wie nie: Ihr einmaliges Bild mit Bergfried, Zinnen, Wassergraben und Türmen zieht kleine und große Mittelalter-Freunde an. Die Burg ist Teil eines Museumskomplexes, zu dem auch das Jagdschlösschen mit seiner historischen Instrumentensammlung sowie das spannende Archäologische Museum mit vielen Funden bis hin zur Römerzeit gehören. In der Linner Burg können sich Besucher ein Bild davon machen, wie die Ritter früher gelebt haben, Prunksäle, mittelalterliche Küche und historische Webstühle besichtigen, im großen Rittersaal ganz besondere Konzerte erleben oder in der Burgküche Lesungen von Fantasy-Autoren lauschen. Höhepunkt des Jahres ist der Flachsmarkt mit seinen Ritterspielen zu Pfingsten in der Parkanlage rund um die Burg. Und wenn es mal ein bisschen gruselig wird: Ein kleines Kribbeln kann ja auch ganz schön sein …

Museum Burg Linn, Rheinbabenstraße 85, 47809 Krefeld, Tel. (0 21 51) 15 53 90
www.museumburglinn.de

ÖPNV: Straßenbahn 044, Haltestelle Burg Linn (ca. 5 Minuten Fußweg)

Ein betörender Duft

40 *Historische Weinbrennerei Dujardin in Uerdingen*

Cognac ist ein berauschendes Getränk. Das gilt, erfahren die Besucher in der historischen Produktionsanlage von Dujardin, nicht nur beim Trinken, sondern auch bei der Herstellung: Die Mitarbeiter bekamen in den 1950er-Jahren für den Weg von der Arbeit nach Hause eine Bescheinigung, dass ihr Alkoholpegel nicht vom Trinken herrührte (am Steuer strafbar), sondern vom Einatmen bei der Arbeit (als Schicksal sozusagen akzeptiert …). Die Lehrlinge, die durchs „Mannloch" in die Fässer krochen, um diese zu reinigen, verloren irgendwann berauscht das Bewusstsein und wurden zum Frische-Luft-Holen herausgezogen. Heute sind es die Mieter in den Loftwohnungen über der Produktion, die noch ein wenig Cognac-Duft schnuppern dürfen, denn das Parkett besteht zum Teil aus alter Fass-Eiche.

Eine Führung durch die Brennerei ist ein Erlebnis. Die Brennhalle – außer Betrieb, aber funktionsfähig – steht voll mit hohen „Brennblasen" aus Kupfer, ausgestattet mit Heizschleifen und Kühlaggregaten, mit Thermometern und Zapfhähnen. Im Fasslager erinnern Fässer aus Limousin-Eiche an die großen Mengen Destillat, die hier reiften. Die Küferei ist ausgestattet mit altem Werkzeug, als wäre die Zeit stehen geblieben. Im Hof bezeugt ein alter Kesselwaggon die vielen Hektoliter Brennwein, die aus Frankreich zur Veredelung nach Uerdingen gefahren wurden.

Ebenso spannend die Geschichte: die Gründung der Brennerei im Jahr 1743, die Verbindung der Familie Melcher mit dem Weingut Dujardin in Frankreich, die Hoch-Zeiten des Weinbrands in den wilden 1920er-Jahren, der Skandal, den der Spruch „Darauf einen Dujardin" auslöste, als er 1952 ein Plakat zierte, auf dem ein Teufel und ein Engelchen augenzwinkernd anstoßen. Heute wird Dujardin nur noch in Frankreich produziert, der Klare „Uerdinger" in Westfalen. Geblieben ist das denkmalgeschützte Gebäude der Brennerei mit seiner einmaligen Ausstattung, die Erinnerung an ein großes Stück Krefelder Geschichte – und die Führungen durch die alte Anlage.

TIPP Im zur Brennerei gehörenden Restaurant Küferei kann man gut essen.

Historische Weinbrennerei Dujardin, Hohenbudberger Straße 10, 47829 Krefeld, Tel. (0 21 51) 4 83 20, www.weinbrennerei-dujardin.de

ÖPNV: Bus 927, Haltestelle Dujardinstraße (ca. 1 Minute Fußweg)

Wildes Paradies

41 *Der Forstwald in Krefeld*

Efeubewachsene Buchen, hohe Esskastanien, knorrige Eichen, undurchdringliches Unterholz – der Forstwald hat etwas Urwüchsiges. Wenn wir uns als Kinder früher entscheiden mussten, wohin der Sonntagnachmittagspaziergang führen sollte, waren wir immer für den Forstwald. Allein schon wegen des etwas geheimnisvollen „Schützengrabens", der sich quer durch den Wald zieht und den wir uns als Austragungsort wilder Schlachten vorstellten. Und der immer für waghalsige Stunts auf dem Fahrrad gut war.

Der Forstwald war ursprünglich eine Heidefläche, die der mennonitische Kaufmann Gerhard Schumacher aus Krefeld 1822 von der früheren Gemeinde Vorst erwarb, zunächst mit Kiefern bepflanzte und nach einem verheerenden Brand 1840 vom Gartenarchitekten Maximilian Friedrich Weyhe neu planen ließ. Das von Weyhe angelegte Wegenetz besteht bis heute. Ebenfalls aus dieser Zeit stammt das Forsthaus. Bereits Ende des 19. Jahrhunderts war der Forstwald ein beliebtes Ausflugsziel der Krefelder, mit eigenem Bahnanschluss und mehreren Lokalen. Erst seit 1929 gehört der Forstwald zu Krefeld. Wer ihn erkundet, stößt überall auf alte Geschichte: Ein stolzer Steinadler auf einer Säule an der Gladbacher Straße erinnert an die Schlacht von Hückelsmay, bei der die Preußen im Jahr 1758 die Franzosen besiegten. Und die alte Landwehr mit ihrem Graben wurde bereits im 14. Jahrhundert angelegt, 1600 Meter führen durch den Forstwald. Erst vor wenigen Jahren wurde das Bodendenkmal mit 3000 Stechpalmen bepflanzt, um den historischen Charakter der undurchdringlichen Hecke wieder sichtbar zu machen. Und sie wurde mit Baumstämmen bestückt – als Bollwerk, nicht gegen die Franzosen, sondern die Mountainbiker. Darüberlaufen ist aber erlaubt – und macht viel Spaß.

TIPP

Im Herbst Esskastanien im Forstwald sammeln – sehr lecker!

Ein Brauch hat sich über die Jahre erhalten: nach einem Ausflug in den Forstwald zu heißem Kaffee und duftendem Kuchen ins Forsthaus einzukehren, von dessen Terrasse aus man Rehwild und Pfauen im angrenzenden Freigehege beobachten kann. Sehr erholsam.

Forstwald, Parkplatz gegenüber dem Forsthaus, Forstwaldstraße 530, 47804 Krefeld
ÖPNV: Bus 051, Haltestelle Forsthaus/Plückertzstraße

Winken, lachen, knipsen

42 *Mit dem „Blauen Enzian" ins Glück*

Wenn der „Blaue Enzian" durch Krefeld rattert, ist das ein Riesenspektakel. Nicht nur für die, die drinnen sitzen, auch die Passanten reagieren verblüfft und erheitert, wenn das schöne Gefährt quietschend an ihnen vorbeirollt. Winken, lachen, Handy für ein Foto zücken: Es ist ja nicht so oft, dass sie eine Straßenbahn zu sehen bekommen, die genau so schon vor 120 Jahren durch die Samt- und Seidenstadt gefahren ist und das goldene Zeitalter der „Elektrischen" eingeläutet hat.

Eigentlich hätte die Bahn auf dem Schrott landen sollen, berichtet Wolfgang Werth vom Verein „Linie 1". Von 1901 bis 1955 fuhr die Straßenbahn auf Krefelder Schienen, dann wurde sie ausgemustert. Der damalige Fahrdienstleiter versteckte das Schätzchen auf dem Hülser Betriebshof hinter Strohballen – und rettete es so. Ein halbes Jahrhundert später renovierten die Eisenbahn-Freunde von „Linie 1" den „Blauen Enzian" und lassen ihn jetzt samt Anhänger (der ist sogar von 1899 und wurde damals noch von Pferden gezogen) wieder zu besonderen Anlässen fahren. Schon das Interieur ist ein Traum: Spiegel, Lampen, Holzbänke – eine Fahrt in eine andere Zeit.

TIPP Außer dem „Blauen Enzian" rollt auch noch ein alter Fahrschulwagen als „PartyTram" durch Krefeld.

Vor allem zum Start ins Eheleben ist der „Blaue Enzian" beliebt. Die Paare treffen sich zur Trauung am Sprödentalplatz, anschließend geht es zwei Stunden gemächlich bis nach Fischeln und über den Ostwall zurück. Auch für Geburtstage oder etwa eine Weinprobe ist die Bahn schon einmal unterwegs. Aber auch ohne Anlass können die Krefelder den „Blauen Enzian" erleben – etwa bei der alljährlichen Nikolausfahrt und (manchmal) am Tag des Offenen Denkmals. „Diese Straßenbahn ist ein Teil von Krefeld", schwärmt Wolfgang Werth, der sie selbst fährt. Auch das ein besonderes Glückserlebnis: „Das Surren des Motors, die Bremsen, als Fahrer spürt man alles, ist eins mit der Bahn. Total genial." Ach ja, und warum eigentlich blau? Die Bahn war der Überlieferung nach eigentlich eine Bestellung aus Amsterdam, dort waren die Straßenbahnen damals blau. Dann blieb sie doch in Krefeld. Und da ist sie heute noch – zum Glück.

Der „Blaue Enzian", Startpunkt Sprödentalplatz oder Obergplatz
www.linie1-krefeld.de

ÖPNV: Straßenbahn 042, 043, Haltestelle Sprödentalplatz, Straßenbahn 041, Haltestelle Obergplatz

E
Rheinhafen

Blühende Nachbarschaft

43 *Die Blumenstraße im Krefelder Westen*

Rote Rosen, violetter Flieder, gelbe Ranunkeln, grüner hochgewachsener Bambus: Wer an einem Frühsommertag die Blumenstraße im Krefelder Westen entlangschlendert, entdeckt vor fast jedem Haus Baumscheiben mit Blumen in allen Farben. Vor den alten, schmucken Fassaden ein wunderschöner Anblick. So viele Blumen in der Blumenstraße – kann das Zufall sein? „Die Geschichte mit den Blumen fing vor einem Jahrzehnt an", berichtet die dort wohnende Künstlerin Karin Besser. Damals wollte die Stadt mehr Parkplätze in der Straße. Die Nachbarschaft wollte lieber breitere Bürgersteige, Fahrradwege und vor allem die alten Rotdorn-Bäume erhalten, die der Blumenstraße ihren Allee-Charakter verleihen. Nach zähem Ringen konnten die Bewohnerinnen und Bewohner sich durchsetzen: Statt breiterer Parkbuchten blieben die alten Bäume und es kamen neue dazu, mehr als hundert insgesamt, inzwischen klimabedingt zusätzlich zum im Mai blühenden Rotdorn die weiß leuchtende Felsenbirne.

Die erfolgreiche Blumenstraßen-Nachbarschaft pflegte das neue Wir-Gefühl fortan weiter – unter dem Motto „Das Quartier lebt". Hin und wieder ein Straßenfest und die Idee, die Straße einfach hübsch zu machen. Eigentümer und Mieter pflanzten vor ihrer Tür Stockrosen und Tulpen, berankten hier mal eine Fassade mit Glyzinien und stellten dort eine Bank auf. Auf der kann man dann abends – nach dem Gießen – auch gut mal auf ein Glas Wein Platz nehmen …

TIPP Die Rotdornblüte ist im Mai – aber irgendetwas blüht immer …

Wer die Blumenstraße jetzt besucht, wird übrigens nicht nur floristisch beglückt, sondern auch architektonisch. Viele Häuser sind bei einer Stadterweiterung in den 1860er-Jahren als Weberhäuser entstanden – als „Dreifensterhäuser", hoch und hell. Nach hinten hin haben die Häuser Dachterrassen und große Gärten – „Hier zu wohnen, ist schön", berichtet Karin Besser. Auch immer mehr junge Leute würden das Quartier entdecken. Und wer hat schon das Glück, in einer Straße zu wohnen, die nicht nur Blumenstraße heißt, sondern auch tatsächlich eine ist?

Blumenstraße, 47798 Krefeld

ÖPNV: Bus 051, Haltestelle Roßstraße (ca. 1 Minute Fußweg)

Neugierig und quirlig

44 *Krefelder Zoo: Erdmännchen-Lodge und Pinguin-Pool*

Wenn man ihnen in die Augen schaut, weiß man sofort, warum sie die Lieblinge vieler Zoobesucher sind: die Erdmännchen. Sie sind einfach neugierig – und man fragt sich, ob die Tierfreunde die Erdmännchen oder die Erdmännchen die Besucher interessanter finden. Der Zoo hat den quirligen Tieren jedenfalls vor Kurzem eine eigene Lodge gebaut: In zwei reetgedeckten Rundbauten haben nicht nur sie ein großzügiges Zuhause, dort können – auf einer Aussichtsterrasse – auch Zweibeiner sitzen und bei einem Getränk die Erdmännchen und das Leben in der benachbarten Afrika-Savanne mit Straußen und Spitzmaulnashörnern beobachten. Am Rande dieser Savanne liegt die ganz neue 3000 Quadratmeter große Pelikan-Lagune mit Teich und Warmhaus, das den Tieren einen Brutplatz und bei der Fütterung Schutz vor den hier wild lebenden Graureihern bietet.

Ein weiteres Highlight ist seit 2014 der begehbare Pinguin-Pool. Wenn zwei Humboldt-Pinguine aneinandergekuschelt das Leben in der Anlage beäugen, hat man den Eindruck, dass sie sich hier zuhause fühlen. Auf 800 Quadratmetern leben die bedrohten Tiere Südamerikas in einer Landschaft aus Felsen, Wasser und Dünen, gemeinsam mit Inka-Seeschwalben und Zimtenten. Die Besucher können ihnen durch eine Panoramascheibe beim „Flug durch das Wasser" zusehen.

TIPP Zum Valentinstag in den Zoo: mit Rosen, Sekt und Führung zum Liebesleben der Tiere.

Und der Zoo hat noch mehr zu bieten: das Regenwaldhaus mit seiner üppigen Vegetation und den vielen Bewohnern in feuchtwarmer Tropenluft, den Schmetterlingsdschungel mit 200 Faltern Südamerikas, das Vogelhaus mit seinen Großvolieren aus drei Kontinenten, das Raubtierrevier mit Jaguaren und Geparden, den großen Gorillagarten – dieser Zoo eröffnet viele Tierwelten. Die Fütterungen von Seelöwen, Pinguinen und Stachelschweinen sind nicht nur für Kinder aufregend. Das Forscherhaus, Erlebnis-Camps (nachts im Zoo) und andere Events laden ein, den Tieren nahe zu kommen. Darum ist den Krefeldern ihr Zoo einer der liebsten Orte in der Stadt.

Krefelder Zoo, Uerdinger Straße 377 (für Navis: Violastraße 93), 47800 Krefeld, Tel. (0 21 51) 9 55 20, www.zookrefeld.de

ÖPNV: Straßenbahn 042, 043, Haltestelle Grotenburg/Zoo

Gerade, hell und filigran

45 *Bauhaus pur im Mies van der Rohe Business Park*

Die Villen Haus Lange und Haus Esters, Stilikonen der Bauhaus-Architektur, sind weltberühmt. Ein Gebäude-Ensemble, das ganz anders, aber genauso spannend ist, steht auf dem ehemaligen Gelände der Verseidag an der Girmesgath. Nicht nur deswegen, weil es ebenfalls Ludwig Mies van der Rohe war, der es Anfang der 1930er-Jahre geplant hat, sondern auch, weil die alten Gebäude gerade saniert und mit neuem Leben gefüllt werden: ein Nebeneinander von renovierten Originalbauten der Bauhauszeit und ebenso alten Hallen, in denen (noch) die Tauben nisten – ein lebendiger Komplex, der sich täglich verändert.

Im Zentrum des Ensembles steht das HE-Gebäude (für Herrenfutterstoffe), das Mies selbst entworfen hat, ein zunächst zwei-, jetzt vierstöckiger Bau, von den Verseidag-Direktoren Lange und Esters bei ihrem Hausarchitekten Mies als Verwaltungs- und Produktionsgebäude in Auftrag gegeben. Große Glasfronten, leichte und gerade Linien, seidenweiß verputzte Fassaden: Das ganze Gebäude ist leicht, filigran und hell. Für einen Industriebau damals war das neu, möglich durch die Konstruktion in Stahlskelett-Bauweise. Die perfekten Proportionen setzen sich innen fort und ebenso die lichtdurchflutete Grundstimmung. Wer bei einer Führung die großzügige und sonnenhelle Co-Working-Zone im obersten Stock betritt, ahnt: Hier arbeitet man gerne.

TIPP Eine Führung durch den Park mitzumachen lohnt sich besonders.

Direkt an das HE-Gebäude grenzt eine Shedhalle, die alte Färberei. Auch sie ist von Glas gesäumt, die Helligkeit des Arbeitsplatzes war Mies wichtig. Ein Entdeckungsspaziergang über das Gelände führt zu weiteren Gebäuden, zum Teil gebaut durch Mies' Schüler Erich Holthoff: Pförtnerhaus, Uhrenturm, Schlichterei, schließlich die alte Kesselhalle, die zur neuen Krefelder Stadthalle werden könnte. Gastronomie, Kultur, Sport, Arbeit – sie alle sollen im Mies van der Rohe Business Park nach den Ideen des Eigentümers und Entwicklers Wolf-Reinhard Leendertz zusammenfinden. Hier ist alles im Fluss – ein Dorado für Fotofreunde, Architekturfans und Menschen mit viel Vorstellungskraft!

Mies van der Rohe Business Park, Girmesgath 5, 47803 Krefeld, Tel. (0 21 51) 44 08 10
www.mies-van-der-rohe.com

ÖPNV: Bus 061, 069, 076, 077, 079, Straßenbahn 044, Haltestelle Moritzplatz (ca. 2 Minuten Fußweg)

Wo Kaffee glücklich macht

46 *Das Café Liesgen*

Irgendwie ist es mehr Wohnzimmer als Café: Wer das Liesgen betritt, wird sofort von einer Atmosphäre eingefangen, die stylish und urgemütlich zugleich ist. Die warmen Terracotta-Fliesen, die Lampenschirme aus Marmeladengläsern, die liebevolle Tischdeko mit Pflanzen und Kerzen, die gekonnt aufgearbeiteten alten Tische und Stühle. Das einzigartige Geschirr (etwa Sammelteller, zum Teil von den Besuchern geschenkt), ein Regal mit Spielen und Büchern, der Kamin, die kleine Wendeltreppe in den ersten Stock. Die Theke mit der alten Elektra-Kaffeemaschine (Modell „Belle Époque"), eine Vitrine mit selbst gemachten Schokokeksen. Die wechselnden Bilder an den Wänden. Ein Ort zum Entdecken und Wohlfühlen. Kein Wunder, dass dieses Café immer voll ist.

Die Erfinderinnen dieses Konzepts sind Anna Optenplatz und Kathrin Helbig. Sie haben in Krefeld Produktdesign studiert – und ein eigenes Café aufzumachen war schnell ihr gemeinsamer Traum. Dann haben sie dieses wunderbare denkmalgeschützte Haus gefunden, das leer stand, es mit Freunden renoviert und das getan, was sie im Studium gelernt haben: eine authentische Atmosphäre erschaffen. Und die Gäste spüren sofort, dass den beiden das, was sie hier kreieren, ein Herzensanliegen ist. Der warme Empfang in diesem Café, die vegetarische Küche (etwa Quiche und Pfannkuchen, wahlweise herzhaft oder süß), die alle zwei Monate wechselnden Ausstellungen, bei denen junge Künstlerinnen und Künstler Grafiken, Fotos, Objekte und Malerei zeigen können. Hier, das ist den beiden ganz wichtig, ist alles selbst gemacht.

TIPP Der dänische Möhrenkuchen ist der Renner in der Kuchentheke.

Ach ja, die Katzen: Die milchschlürfende fröhliche Katze im Logo war die Idee von Kathrin Helbig. Erst später haben sie erfahren, dass in dem Haus lange die „Katzenoma" gewohnt hat, mit angeblich hundert Tieren. Und das Liesgen? Das stammt aus Bachs Kaffeekantate, verehrt das braune Getränk über alles – und mag auch nicht auf es verzichten. Warum auch, wenn Kaffee glücklich machen kann? Das Liesgen hätte das Café Liesgen geliebt.

Café Liesgen, Wiedenhofstraße 71, 47798 Krefeld, brief@liesgen.de www.liesgen.de

ÖPNV: Straßenbahn 041, 042, 043, 044 und zahlreiche Busse, Haltestelle Dreikönigenstraße (ca. 6 Minuten Fußweg)

Liesgen
#71
GOLDENE
MILCH

Eleganz in Rosa und Mint

47 *Das Jugendstil-Ensemble Brockerhofstraße*

Unter den Bewohnern hier sagt man gerne: „Einmal Brockerhofstraße, immer Brockerhofstraße", erzählt Dorothee Laeser. Sie muss es wissen, denn sie wohnt seit mehr als 75 Jahren in dieser kurzen, aber wunderschönen Straße im Krefelder Norden, in der sich die Jugendstilhäuser in immer wechselnden Farben, Formen und Ornamentierungen aneinanderreihen. Gepflegte Fassaden in Gelb, Mintgrün und Zartrosa, sauber verputzt, die hohen Geschosse ausgestattet mit großen Bogenfenstern. Zwischen Haus und Bürgersteig bietet ein schmaler Streifen Platz für Kübelpflanzen, sauber getrimmte Bäume oder auch Fahrräder, mal mit einem schmiedeeisernen Gitter, mal mit einem hellblau gestrichenen Jägerzaun oder mal mit einer wellenförmig geschnittenen Hecke begrenzt. Es macht Spaß, hier entlangzuflanieren und die einzelnen Häuser dieses um 1908 entstandenen historischen Ensembles zu betrachten. Die Bauherren von damals haben Wert auf Individualität gelegt: So ist der Giebel des Hauses Nr. 15 mit ausdrucksstarken Stuckgesichtern verziert. Das Gebäude Nr. 14 auf der anderen Seite zeigt zwei Menschen mit Ährenbündeln: Ein Bäcker habe es wohl gebaut, sagt die jetzige Bewohnerin. Etliche Gebäude haben halbrunde Erker – sie verleihen den Fassaden eine lebendige und harmonische Struktur. Jedes Haus hier ist besonders, „anders als bei seelenlosen Neubauten", sagt ein Besitzer. Doch ganz spurlos ist der Krieg auch in der Brockerhofstraße nicht vorbeigezogen: Ein Bombenflugzeug hat die Häuserzeile einmal überflogen und auf der Südseite alle 50 Meter Lücken gerissen. Diese wurden mit Liebe zum Detail wieder geschlossen, sodass das besondere Flair der Straße geblieben ist.

Dass die Menschen hier ungern wegziehen, liegt aber nicht nur an der ungewöhnlichen Architektur. Wer an einem Samstagvormittag über die Brockerhofstraße schlendert, spürt die gute Nachbarschaft: Etwas ist an den alten Häusern und in den kleinen Vorgärten immer zu tun und Zeit für ein Schwätzchen ist auch. Diese Straße ist in jeder Hinsicht ein freundlicher Ort.

TIPP

Interessanter Kontrast: der nahe gelegene Mies van der Rohe Business Park im Bauhaus-Stil.

Brockerhofstraße, 47803 Krefeld

ÖPNV: Bus 061, Haltestelle Girmesgath, Straßenbahn 044, Haltestelle Weyerhofstraße (ca. 6 Minuten Fußweg)

Gute-Laune-Blütenpracht

48 *Der Tagliliengarten im Stadtpark Uerdingen*

„Taglilien", sagt Marc Grotendorst, „sind wunderbare Geschöpfe: Sie sind in ihrer blühenden Vielfalt ein Augenschmaus – und absolut pflegeleicht." Der für die Stadt arbeitende Landschaftsarchitekt hatte darum vor einigen Jahren eine gute Idee: Er legte im Stadtpark Uerdingen einen der ersten öffentlichen Tagliliengärten Deutschlands an. Seitdem zeigen dort im Sommer mehr als hundert Sorten der Staude ihre bunte Blütenpracht, gepflanzt in geschwungenen Beeten gemeinsam mit Schwertlilien und Astern, eingerahmt von Eiben und Gräsern. Ein Mulchweg führt durch den Garten, Natursteinmauern und Sitzbänke ergänzen das mediterrane Flair. Doch Vorsicht: Eine gewisse Ansteckungsgefahr geht von den Taglilien aus. Neue Sorten zu züchten oder zu sammeln kann zur Leidenschaft werden – weltweit gibt es schon über 90.000 Varianten. Der Stadtpark Uerdingen ist nicht nur im Sommer ein besonderer Ort. Schon im Frühling wecken mehr als 15.000 Narzissen bei Spaziergängern und Joggern gute Laune. Und seit 2019 hat der Park – auch dank eines rührigen Fördervereins – eines der größten „Arboreten" der Region. Ein Baumlehrpfad mit 63 Bäumen von der Kaukasischen Flügelnuss bis zur Tulpenmagnolie lädt Pflanzenfreunde zur Inspiration ein – alles Wissenswerte steht auf Info-Täfelchen oder kommt per QR-Code aufs Smartphone.

TIPP Am Rand des Stadtparks lädt eine sehr schöne Minigolfanlage unter alten Bäumen zum Spielen ein!

Der 20 Hektar große Park besteht in seinen Anfängen seit Ende des 19. Jahrhunderts. Er besticht durch seine Vielfalt – vom dunklen Hallenwald bis zu offenen, savannenartigen Flächen. Eine Teichanlage mit einer in zwölf Farben beleuchteten Fontäne ist in den Abendstunden ein besonderer Anziehungspunkt, ein mäandrierender Bachlauf und ein sprudelnder Quellstein laden ein, immer neue Perspektiven zu entdecken. Zwei Spielplätze sind mit bunten Kinderattraktionen wie Tampenschaukel und Dschungelbrücke ausgestattet und gut gepflegt. Dazu kommen zwei Tennisplätze und drei Restaurants, die vielerlei Leckereien anbieten. Ein Park mit vielen Höhepunkten – und ein wunderbarer Ort zum Seele-baumeln-Lassen.

Stadtpark Uerdingen, Am Stadtpark, 47829 Krefeld
www.stadtpark-uerdingen.de
ÖPNV: Bus 058, Haltestelle Topsstraße (ca. 3 Minuten Fußweg)

Zug um Zug zum Glück

49 *Entdeckungsfahrt mit der Straßenbahn 044*

Eine Hop-On-Hop-Off-Stadtrundfahrt im rot lackierten Doppeldeckerbus wie in Düsseldorf wird man in Krefeld vergeblich suchen. Man braucht sie aber auch nicht: Krefeld hat ja seine Straßenbahnen! Mit der 044 etwa lässt sich die Stadt von Linn über das Zentrum nach Hüls wunderbar erkunden, aus- und einsteigen an einem Dutzend Glücksorten inklusive. Wer an der Haltestelle Rheinhafen die Tour beginnt, bekommt gleich einen Eindruck der typischen Hafenindustrie: Schornsteine, Fabriken – und 250 Meter die Hafenstraße hinunter Richtung Rhein die elegante historische Jugendstil-Drehbrücke. Die Bahn fährt dann los Richtung Zentrum, zwei Haltestellen weiter taucht links das Greiffenhorst-Schlösschen mit seinem verwunschen wirkenden Park auf. Wieder zwei Stopps später sieht man links die historische Linner Stadtmauer, die die malerische Altstadt von Linn umschließt, gleich daneben die mittelalterliche Burg mit ihren Anlagen.

Nach weiteren zehn Minuten lohnt sich schon wieder eine Unterbrechung: Die Straßenbahn erreicht den Schönwasserpark und den großen Botanischen Garten (Haltestelle Am Sandberg). Weiter geht es in die Innenstadt – vorbei am Großmarkt mit seinen quirligen Restaurants. Die Bahn passiert jetzt die historischen Wälle: den Ostwall – mit Blick auf das Seidenweber-Denkmal Meister Ponzelar und vorbei an der „Linsenallee" des Künstlers Adolf Luther bis zur Rheinstraße, von wo aus viele interessante Punkte zu erreichen sind – von der Dionysiuskirche über das gemütliche Café Liesgen bis zur architektonisch reizvollen Mediothek.

TIPP Von der Haltestelle Linner Burg bis zum Botanischen Garten durch den schönen Parkgürtel spazieren!

Am Nordwall umrundet die Bahn den hübschen Friedrichsplatz mit seiner Fontäne in der Mitte und schlängelt sich vorbei am Brauhaus Gleumes Richtung Hüls. Wer am Moritzplatz noch mal aussteigt, entdeckt den Mies van der Rohe Business Park mit seiner Bauhaus-Architektur. Am Ortseingang von Hüls ist Endstation. Gute Gelegenheit, den alten Ortskern zu erkunden und am Marktplatz eine Pause einzulegen, bevor es ganz gemütlich wieder zurückgeht.

Straßenbahn 044 von Haltestelle Krefeld Rheinhafen (Düsseldorfer Straße/Ecke Hafenstraße) nach Haltestelle Hüls Betriebshof (Krefelder Straße 96)
www.swk.de

Zwischen Blumen und Bäumen

50 *Minigolf im Uerdinger Stadtpark*

Wenn man Detlev Lothringers durch die Minigolfanlage im Uerdinger Stadtpark begleitet, spürt man sofort: Für diesen Platz schlägt sein Herz. Natürlich sind da zuerst die 18 Bahnen selbst – frisch renoviert, turniertauglich und selbstverständlich blitzblank. Aber vor allem ist es die Atmosphäre unter den vielen bis zu 80 Jahre alten Eichen, Buchen und Eschen, die diese Anlage für ihn zu einem einzigartigen Ort macht. „Selbst im heißesten Sommer immer angenehm kühl", schwärmt der Platzwart. Und dann sind da die Blumen, Beete und Sträucher, die dem Platz eine besondere Farbe verleihen. Gelbe Narzissen, weißer Rhododendron oder lilafarbene Akeley: Irgendetwas blüht hier immer. Und weil er sich so gerne mit Pflanzen umgibt, hat Lothringers auch noch hier ein Kräuterbeet und da einen Wildblumen-Blühstreifen angelegt. Eigentlich ist diese Minigolfanlage Teil des großen alten Stadtparks, zwar durch einen Zaun abgetrennt, aber doch mittendrin. Der Platz hat eine lange Tradition – Ende der 1960er-Jahre gebaut, seit einem Vierteljahrhundert betrieben von der Familie Mosch. Manche Uerdinger sind hier schon als Kinder gewesen, wie Caroline Streubel, die auf der Anlage als junges Mädchen mit ihrem Vater einst Minigolf gespielt hat. Jetzt hat sie ihren 14-jährigen Sohn René mitgebracht und auch der hat hier seinen Spaß.

TIPP Im angrenzenden Stadtpark das Arboretum und den Tagliliengarten erkunden.

Die Gäste kommen aus Düsseldorf, dem Ruhrgebiet und den Niederlanden. Hobbyspieler bevölkern den Platz vor allem am Wochenende. Die größten Minigolfer der Stadt sind im Bahngolfclub Uerdingen zusammengeschlossen – und der hat hier richtige Trainingszeiten. Auch Ligaspiele werden auf der Anlage ausgetragen, sogar die Westdeutschen Meisterschaften haben in Uerdingen schon stattgefunden. Aber die meisten Spieler hier schlagen den Golfball zum reinen Vergnügen. Wer gerade warten muss, ruht sich auf einer der vielen Bänke oder einer gemütlichen Holzliege als „Waldsofa" aus – ein bisschen Seelebaumeln-Lassen zwischen Bäumen und Beeten. Eine angenehme Art, einen sonnigen Nachmittag zu verbringen!

Minigolfanlage Uerdingen, Parkstraße/Ecke Weilerstraße, 47829 Krefeld, Tel. (0 21 51) 48 11 26
www.minigolfanlage-uerdingen.de

ÖPNV: Bus 58, Haltestelle Topsstraße (ca. 4 Minuten Fußweg)

Schluff und Schlüffken

51 *Das Restaurant Nordbahnhof*

Im alten Wartesaal dreht eine Miniaturausgabe des „Schluff" über den Köpfen der Gäste lautlos ihre Runden. Dahinter zeigt eine echte Bahnhofsuhr immer noch die Stunde. Das Schild über einem Nebenzimmer weist den Weg zur „Alten Bahnhofsvorsteher-Küche". Im Biergarten draußen hängen die Originalhaltestellenschilder mit der Aufschrift „Crefeld Nord" zwischen gusseisernen Säulen, die ein historisches Glasdach tragen. Und auch wenn zwischen den Gleisen jetzt Unkraut wächst: Zumindest im Sommer ist der Nordbahnhof noch wirklich ein Bahnhof – dann hält hier der historische „Schluff".
Das unverwechselbare Gebäude am Oranierring ist seit 30 Jahren im Besitz der Familie Furth und im Krefelder Norden eine feste Größe. Ein „Restaurant mit Brauhaus-Charakter", wie Anne Furth es beschreibt, dessen Inhaber das ursprüngliche Ambiente mit Liebe zum Detail erhalten haben. Das älteste Bahnhofsgebäude in Krefeld wurde vor 150 Jahren errichtet, als Station der „Crefelder Eisenbahn", die von Moers zum Hauptbahnhof führte. Sogar Kaiser Wilhelm II. beehrte 1902 den Bahnhof im Palazzo-Stil mit seinem Besuch. 50 Jahre später war dann erst einmal Schluss mit dem Personenverkehr. Die Brüder Victor und Uli Furth erweckten das Ensemble 1990 zu neuem Leben. Aus dem Warte- wurde ein großer Speisesaal, später entstand nebenan der neue Lokschuppen für private Feiern, der Bahnsteig bekam das Glasdach des Bahnhofs von Kempen und ist nun Biergarten, in dem die Gäste im Sommer mit viel Platz draußen sitzen können. Inzwischen sind die Kinder Anne und Johannes Furth mit im Boot. Die neueste Errungenschaft: In einem Sudhaus nebenan brauen sie mit viel Leidenschaft „Schlüffken"-Bier. Und backen seit Kurzem „Schlüfferkes-Kekse". Die Krefelder mögen die Atmosphäre – und die Küche („von den Kroketten bis zum Eis alles selber hergestellt"). Und so ist der Nordbahnhof, wie seine Inhaber nicht ohne Stolz feststellen, „ein schöner Zug von Krefeld".

TIPP Die nach Art des Hauses zubereiteten Muscheln probieren – köstlich.

Nordbahnhof, Oranierring 91, 47798 Krefeld, Tel. (0 21 51) 6 74 44
www.nordbahnhof.de

ÖPNV: im Sommer mit dem „Schluff"! Sonst: Straßenbahn 044, Bus 069, 076, 077, 079 Haltestelle Oranierring (ca. 5 Minuten Fußweg)

CREFELD-NORD
Bahnsteig
2 1
St. Tönis
CREFELD-NORD

Ein stolzer Krefelder

52 *Das Seidenweberdenkmal Meister Ponzelar*

Die Krefelder lieben ihren Meister Ponzelar. Zum Karneval verpassen sie ihm schon einmal eine gelbe Fliege. Nach dem Gewinn der Fußball-WM 2014 hängten sie ihm eine schwarz-rot-goldene Schärpe um. Und erst vor Kurzem schlugen Lokalpolitiker vor, den Seidenweber als Ampelmännchen blinken zu lassen. Rheinländer eben: Tradition ist wichtig, aber man sollte sie auch nicht zu ernst nehmen.

Dabei gehört der Seidenweber zur Krefelder DNA. Denn Meister Ponzelar erinnert an vergangene glorreiche Zeiten: an das 18. und 19. Jahrhundert, als die Seidenweberei die Stadt groß und reich machte. Noch im Jahr 1875 standen 30.000 Webstühle in Krefelder Haushalten. Die Seidenweber produzierten auf ihnen die Stoffe für Kleider, Messgewänder und Fürstenroben. Einmal in der Woche machte sich der Weber, der sehr geschickte Finger haben musste, auf den Weg und lieferte den auf die Rolle gewickelten Stoff – sein Wochenwerk – ab, im Gehrock und mit hochgeschlossener Weste, seidenem Halstuch und schwarzer Mütze, im Beutel zur Linken die leeren Garnrollen. Elegant sieht er aus und stolz auf sein Werk. Zurück nahm er neues Seidengarn – Rohstoff für die nächste Woche. Bei der Heimarbeit unterstützt wurde er übrigens von einem „Spuljungen". Auch er ist im Denkmal verewigt, auf dem Sockel, in einer typischen Weberstube.

TIPP Auf dem Ostwall ist noch mehr zu entdecken – etwa die hübsche „Linsenallee".

Als die elektrischen Webstühle aufkamen und die Seidenstoffe in Fabriken gefertigt werden konnten, war es aus mit der Hausweberei. Für die Heimarbeiter ein schwerer Schlag. Der Krefelder Verschönerungsverein ließ dem Seidenweber 1911 nach einem Entwurf von Johann Stiegemann ein Denkmal setzen. Im Krieg wurde es eingeschmolzen, 1945 nach der originalen Gussform wiederhergestellt. Und auch wenn die Zeit der Weber lange her ist: Meister Ponzelar auf seinem Sockel bleibt Krefelds Wahrzeichen. Er ist wie ein guter Bekannter: Irgendwie war er schon immer da und man ist versucht, ihn freundlich zu grüßen, wenn man vorbeigeht. Er hat es verdient.

Seidenweberdenkmal Meister Ponzelar, Südwall/Ecke Ostwall
ÖPNV: Krefeld Hauptbahnhof, zahlreiche Busse und Bahnen (ca. 4 Minuten Fußweg)

Für Molche und Menschen

53 *Park und Schloss Greiffenhorst in Linn*

Rund um das Haus Greiffenhorst in Linn (von den Krefeldern gerne als Greiffenhorst-Schlösschen bezeichnet) ist eine der hübschesten Parkanlagen in Krefeld. Der Seidenfabrikant Cornelius de Greiff ließ sie Mitte des 19. Jahrhunderts anlegen, weil er zwei Güter miteinander verbinden wollte: den Hausenhof und den Mühlenhof. Zwischen beiden floss der Mühlenbach und de Greiff erteilte dem Gartenkünstler Maximilian Friedrich Weyhe den Auftrag, den Wiesenstreifen auf beiden Seiten des Baches in einen Park zu verwandeln. Das gelang Weyhe, indem er den Bach zu einem Weiher aufstaute, mit Brücken und verschlungenen Wegen einen eleganten Garten schuf und das gleichzeitig gebaute Jagdschlösschen als Mittelpunkt in die Anlage einbettete.

Inzwischen ist die Stadt Krefeld Besitzerin des Parks, ließ ihn – nachdem der Weiher fast trockengefallen war – neu beleben und entdeckte dabei die größte Kammmolch-Population in Nordrhein-Westfalen. Deshalb ließ sie nur den westlichen Teil des Weihers abdichten und wieder befüllen, der östliche dagegen ist als wechselfeuchtes Biotop für Amphibien erhalten. Die wiederhergestellten Wege und Brücken machen die englische Gartenkunst neu erlebbar, eine alte Blutbuche aus der Entstehungszeit leuchtet rot im Zentrum und ein „Landschaftsfenster“ gibt den Blick in das wunderschöne Naturschutzgebiet „In der Elt“ frei – Niederrhein pur.

TIPP Im Mühlenhof ist ein gemütliches Café!

Das Haus Greiffenhorst selbst ist ein kleiner achteckiger Bau, von vier Flügeln gesäumt und gekrönt von kleinen Dachterrassen. Gebaut im Stil des Klassizismus – liebevoll, fast ein bisschen verspielt. Auch das Schlösschen ist frisch renoviert und wird für Ausstellungen und Empfänge genutzt. Viel zu entdecken gibt es rund um den Park: Der Mühlenhof ist eine uralte „Wasser- und Rossmühle“, früher wahlweise angetrieben durch den Bach oder von Pferden, eine ungewöhnliche Kombination. Der Hausenhof wird heute als Quarantänestation für Tiere des Krefelder Zoos genutzt. So ist der Greiffenhorstpark heute ein Ort, an dem sich Menschen und Tiere gleichermaßen erholen können!

Haus Greiffenhorst, Greiffenhorst 1, 47809 Krefeld

ÖPNV: Bus 047, 059, Haltestelle Greiffenhorst (ca. 5 Minuten Fußweg)

Markantes Profil

54 *Die Rheinbrücke bei Uerdingen*

Kilometerweite saftige Wiesen, der Fluss, der langsam vorbeiströmt, am gegenüberliegenden Ufer die Skyline von Uerdingen und davor die Brücke, die schlank und mächtig den Fluss überspannt: Auf der Duisburger Seite am Rheinufer entlangzulaufen heißt, eine neue Perspektive auf Uerdingen zu entdecken. Und das Auge weit schweifen lassen zu dürfen, sehr weit. Ruhig ist es hier, bis auf ein paar Hundefreunde verirren sich nur wenige Menschen auf diese Seite des Rheinufers. Aber es lohnt sich schon allein deswegen, um die Sonne über dem Rhein untergehen zu sehen. Und die Schönheit der denkmalgeschützten Brücke vor dieser Kulisse zu genießen: Gut 500 Meter werden von der Fahrbahn überbrückt, die an zwei 40 Meter hohen Pylonen hängt. Die Trasse wird durch schräge Streben als „Fachwerk" stabil gehalten, so werden die enormen Kräfte aufgefangen. Zwei gewaltige Pfeiler im Fluss halten die Pylonen, sie bestehen aus Stampfbeton und sind mit Basalt verkleidet. 1936 wurde die Brücke eingeweiht, die Wehrmacht hat sie wenige Wochen vor Kriegsende wieder gesprengt, um die alliierten Truppen aufzuhalten. Nach dem Krieg baute man sie wieder auf, seit 1950 verbindet sie erneut Krefeld-Uerdingen und Duisburg-Mündelheim, den Niederrhein und das Ruhrgebiet, für Pendler und Industrie eine ganz wichtige Straße. Jetzt kommt die Rheinbrücke wie so viele Bauwerke dieser Art in die Jahre und wird aufwendig saniert.

TIPP Von der Brücke aus führt auf der Uerdinger Seite ein kleiner Trampelpfad am Ufer entlang Richtung Altstadt.

Für viele Uerdinger ist die Brücke, die nachts beleuchtet wird und zur Route der Industriekultur gehört, das eigentliche Wahrzeichen der Stadt. Und, wenn sie von Osten aus nach Hause kommen, das Signal: „Ich bin wieder da". Weil man sie auch mit dem Fahrrad, dem Bus oder zu Fuß überqueren kann, bietet sich immer eine gute Gelegenheit, über die Brücke unkompliziert auf die andere Rheinseite zu gelangen, dort eine Auszeit zu nehmen und den Blick in die Weite schweifen zu lassen. Hier lässt sich das Glück finden!

Krefeld-Uerdinger Brücke, B288
ÖPNV: Bus 941, Haltestelle Rheinbrücke (ca. 10 Minuten Fußweg)

LINDENHOF

Römer zum Anfassen

55 *Archäologisches Museum Burg Linn*

Wenn Museumsleiterin Jennifer Morscheiser an die Schätze im Boden Krefelds denkt, gerät sie ins Schwärmen. „Wir haben das römische Kastell, wir haben dieses unglaubliche Gräberfeld und Gellep gehört demnächst zum Weltkulturerbe." In der Tat: Wer etwa nacherleben will, wie sich Römer und Germanen im Jahr 69 n. Chr. im heutigen Krefeld-Gellep eine Schlacht geliefert haben, ist im Museum der Burg Linn richtig. Die Besucher erfahren hautnah, wie sich Reiter und Fußsoldaten an diesem Tag vor zwei Jahrtausenden am westlichen Rheinufer hin und her gejagt haben – genau rekonstruiert durch Funde von bronzenen Rüstungsteilen, Pferdeskeletten im Boden und von Soldaten stolz errichteten Siegeszeichen. Ein Blick in eine andere Zeit. Wo einst die imposante Römerfestung Gelduba in Linn lag, ist heute außer einer Erinnerungstafel fast nichts mehr erkennbar. Im Museum aber wird diese Zeit lebendig.

Es sind Highlights wie der goldene Spangenhelm des fränkischen Fürsten Arpvar, die dieses Museum zu einem besonderen Ort machen – gefunden in einem Grab, das Grabräuber zum Glück nie entdeckt haben. Der Helm ist sogar auf einer Briefmarke verewigt. Ein Beispiel für Funde aus 6000 alten Gräbern, die Gellep bekannt gemacht haben. Ein weiterer Hingucker ist etwas jünger – und immerhin noch 1200 Jahre alt: ein mittelalterlicher Lastkahn, der einem Baggerfahrer beim Ausbau des Rheinhafens vor die Schaufel geriet. Dieses 16 Meter lange Plattboden-Schiff, das zur Konservierung drei Jahrzehnte lang in Spezialflüssigkeit eingelegt war, hat nun einen eigenen Raum bekommen.

TIPP Nach dem Museumsbesuch die beeindruckende Kuchentheke des Cafés ausprobieren!

Die Besucher finden noch mehr Überraschendes: etwa die Sammlung von zwei Dutzend Modellen mittelalterlicher Stadtkerne – man sieht, dass Krefeld um 1650 noch ein ziemliches Nest war. Oder eine alte Schusterwerkstatt – überhaupt gibt es für Kinder hier einiges zu sehen. Wer Heimatgeschichte erleben oder „Römer gucken" will, muss nicht gleich nach Xanten fahren, sondern kann im Museum der Burg Linn viel entdecken.

Museum Burg Linn, Rheinbabenstraße 85, 47809 Krefeld, Tel. (0 21 51) 15 53 90
www.museumburglinn.de
ÖPNV: Straßenbahn 044, Haltestelle Burg Linn (ca. 3 Minuten Fußweg)

Vom Glück der KuFanauten

56 *Die Kulturfabrik an der Dießemer Straße*

Die Gäste haben es sich auf Liegestühlen bequem gemacht, auf dem Beistelltischchen ein Bier oder eine Cola. Die Dachplatane in der Mitte des Sandstrands wird von unten in Rot und Blau stimmungsvoll angestrahlt, während die Sonne langsam untergeht. Auf der Bühne spielt Ralf Küntges mit viel Leidenschaft Songs aus den 1960er-Jahren – und wenn er „Blowin' in the Wind" anstimmt, verstehen eher die Älteren, warum er plötzlich beim Singen so näselt. Es ist alles sehr relaxt hier. Ein Sommerabend auf dem KuFa-Beach eben.

Die Kulturfabrik, kurz KuFa genannt, ist seit vier Jahrzehnten eine Institution in Krefeld. Nicht nur auf dem Strand draußen, sondern vor allem innen in der ehemaligen Verkaufshalle des Schlachthofs feiern die Gäste zwischen gefliesten Säulen und alten Fleischer-Waagen Konzerte und Partys. Auf dem Areal mit dem Charme alter Industrie-Architektur nutzt die Kulturfabrik einen großen und einen kleineren Saal und betreibt ein Café. Rund 270 Veranstaltungen lockten zuletzt 90.000 Besucher pro Jahr an – mit einer Mischung aus Musik und Kabarett, Lesungen und Reisereportagen. Legendär sind die Partys, etwa zum Jahreswechsel oder zu Themen wie den „90er-Jahren".

TIPP

Besonders beliebt: das Beach-Quiz im Sommer.

Die besondere Ausstrahlung des Programms ist der Erfolg der „KuFanauten", rund 120 Ehrenamtler, die mit wenigen Vollzeitkräften die Kulturfabrik managen: Sie entscheiden, wer kommen darf, und packen an, wenn die Künstler anrücken. Mit Erfolg: von den Ärzten über Ramstein bis zu Manfred Mann waren schon viele Prominente in der Kulturfabrik. Konrad Beikircher ist Ehrenmitglied, „und Nina Hagen hat hier einen ihrer Ehemänner kennengelernt", berichtet Jürgen Mengert vom KuFa-Verein. Die Künstler fühlten sich wohl hier, weil die Kulturfabrik „anders ist als der Rest des Business". Ein Schmelztiegel für ganz unterschiedliche Leute, über Generationen hinweg. Für die Besucher gilt das auch. „Musik und Kultur verbinden eben", sagt Mengert. Darum ist die KuFa längst einer der größten Kulturanbieter am Niederrhein.

Kulturfabrik, Dießemer Straße 13, 47799 Krefeld, Tel. (0 21 51) 85 86 87
www.kulturfabrik-krefeld.de

ÖPNV: Straßenbahn 044, Haltestelle Bahnstraße (ca. 4 Minuten Fußweg), U-Bahn U70, U76, Haltestelle Dießem (ca. 7 Minuten Fußweg), Bus 052, 057, Haltestelle Ritterstraße (ca. 5 Minuten Fußweg)

Diebels

Immer in Bewegung

57 *Das Kaiser Wilhelm Museum am Joseph-Beuys-Platz*

Was ist der wichtigste Raum in diesem Haus? Das Café – sagt Museumsleiterin Katia Baudin. Und wenn im Beuys-Jahr 2021 zum 100. Geburtstag des in Krefeld geborenen Künstlers besonders viele Besucher erwartet werden, sollen sie diesen Raum völlig verwandelt vorfinden. Der Wiener Designer Robert Stadler hat einen Entwurf geschaffen, der sich selbst als künstlerische Installation versteht: Stühle im Thonet-Design erinnern an das Bauhaus, ein gelber Vorhang an das legendäre „Café Samt und Seide", von Lilly Reich und Mies van der Rohe 1927 für eine Ausstellung in Berlin kreiert. Bequeme Polstermöbel und der Lounge-Charakter sollen das Café zu einem inspirierenden Entree machen. Zum Café gehört auch der vom Künstler Georg Ettl 1977 neu gestaltete Museumshof mit dem markanten „Krähenzaun".
Das Kaiser Wilhelm Museum ist alt – und erfindet sich immer wieder neu. Als es 1897 eröffnet wurde, stand der Bau auf einem großzügigen Platz. Der fiel Mitte der 1960er-Jahre dem Autoverkehr zum Opfer. Jetzt hat die Stadt dem Museum seinen Platz wiedergegeben, mit plätscherndem Brunnen, grünen Bäumen und viel Freiraum. Aber auch bei der Sammlung geht das Haus neue Wege. Die 20.000 zum Bestand gehörenden Kunstwerke werden nach dem Motto „Sammlung in Bewegung" in 15 Stilräumen präsentiert, jeder eine künstlerische „Zeitkapsel", ob es um Biedermeier geht oder Pop Art, um Picasso oder den Krefelder Künstler Heinrich Nauen, dessen großformatige und farbenfrohe Bilder des „Drove-Zyklus" einen Saal füllen. Ein besonderes Erlebnis sind die Wandmalereien von Johann Thorn Prikker („Lebensalter") und die einmalige eigens für das Museum geschaffene Werkgruppe von Joseph Beuys. Kunst gehört ins Leben: Das war die Idee dieses Museums, als es vor rund 125 Jahren eröffnet wurde – als Inspirationsquelle für Handwerker, Architekten und Textilgestalter. Das Museum als Quelle der Schönheit im Alltag: Diesen Geist kann man heute noch spüren – zum Glück für jeden Besucher!

TIPP

Im Kreativlabor „Studio 2" können kleine und große Kunstfreunde selbst Farben und Formen ausprobieren.

Kunstmuseen Krefeld, Kaiser Wilhelm Museum, Joseph-Beuys-Platz 1, 47798 Krefeld, Tel. (0 21 51) 97 55 80
www.kunstmuseenkrefeld.de
ÖPNV: Bus 051, Haltestelle Kaiser Wilhelm Museum

Schwindelerregendes Glück

58 *Der Hülser Berg*

Halb ist er Mutprobe, halb Fitness-Test und ein Glücksort für die Krefelder seit inzwischen mehr als 130 Jahren: Der Johannesturm auf dem Hülser Berg. Richtig, der jetzige Aussichtsturm steht dort erst seit 1973, aber der erste Johannesturm krönte Krefelds höchste natürliche Erhebung schon 1887, als stählerner Aussichtsturm mit Blick in die Weiten des Niederrheins. Der wurde dann am Ende des Zweiten Weltkriegs abgebaut, bevor sein Nachfolger als Höhepunkt eines Spaziergangs über den Hülser Berg alle Schwindelfreien einlädt, über 163 Stufen in den Himmel über Krefeld zu klettern.

Der Hülser Berg ist das vielleicht beliebteste Familien-Ausflugsziel in Krefeld, und das liegt nicht nur am Turm. Gleich drei Wildgehege hat der Wald zu bieten, und was macht Kindern mehr Spaß, als die Frischlinge im Wildschweingehege mit den Eicheln zu füttern, die sie rundherum finden? Oder ein Selfie mit einem stolzen Hirsch zu versuchen? Noch eine Herausforderung: unweit der Station des historischen „Schluff" die hölzernen Gnom-Figuren des Künstlers Marian Hess in den Bäumen zu suchen, die an die Sagen um die „Erdmännekes vom Hölschenberg" erinnern. Und dann durch die Erdkuhlen zu toben, die die früheren Hülser „Pott- und Pannebäcker" beim Ausgraben des Lehms für ihre Tonwaren und Dachpfannen hinterlassen haben.

TIPP Im Sommer fährt hier der historische „Schluff" – ein Erlebnis!

Ein Ort mit viel Geschichte und vielen Geschichten. Von der Eiszeit „angehäuft", von Hirten als Weide und von Pottbäckern als Tonabbaugebiet genutzt, im 19. Jahrhundert vom Krefelder Naturfreund Johann Junkers auf eigene Kosten zum bewaldeten Naturraum und Naherholungsgebiet umgestaltet. Junkers verdanken wir auch den Turm und eine andere wichtige Krefelder Institution: das Waldhaus, aus dem die heutige Bergschänke hervorgegangen ist. Denn auch das gehört zum Glück eines Ausflugs zum Hülser Berg: nach Klettern und Tierefüttern dort auf einen frischen Kaffee einzukehren. Für einen entspannten Sonntagnachmittagsausflug immer eine gute Idee!

- **Hülser Berg, Parken an der Bergschänke, Rennstieg 1, 47802 Krefeld**
- **ÖPNV: Bus 060, Haltestelle Molenaarstraße (ca. 7 Minuten Fußweg)**

Köstlich und duftend

59 *Mit der Aira-Heilpflanzenschule in der Natur*

Die Blüte der Winterlinde gibt dem Honig einen besonderen Geschmack. Der Wilde Dost befreit von Husten – und, so erzählt eine alte Geschichte, hält den Teufel fern. Das Echte Johanniskraut – man erkennt es am roten Saft, den die Blüten auf Fingerdruck freigeben – wirkt als Antidepressivum. Doch Vorsicht: Es hebt die Wirkung der Antibabypille auf, erklärt Gabriele Heckmanns, „Johanniskraut-Babys" kenne sie mehrere. Sie kann bei dieser sommerlichen Exkursion zu jeder Pflanze eine Geschichte erzählen und die Teilnehmerinnen, die mit ihr im Hülser Bruch unterwegs sind, entdecken mit viel Spaß eine spannende Welt – die der heimischen Kräuter.

Die Krefelderin hat sich ihr Leben lang mit Kräutern und der Natur beschäftigt – und kennt sie alle: die heimischen Pflanzen, aus denen man einen leckeren Salat zaubern kann, ein köstliches Pesto oder einen erfrischenden Tee, die als Gewürze für die besondere Note sorgen oder als Heilkraut manche Beschwerden lindern können und die in einer kühlenden Gesichtscreme oder einer duftenden Salbe ihre Wirkung entfalten.

TIPP

Das spannende Gelände des Umweltzentrums mit Bauerngarten und Molch-Teich ist immer frei zugänglich!

Die studierte Landespflegerin mit einer Heilpflanzenausbildung gibt ihr Wissen gerne weiter: Bei Wildkräuterwanderungen mit anschließender Menü-Zubereitung, bei Mini-Exkursionen („Das Kräuterjahr im Glas"), wo schon einmal Wildblüten-Honig oder ein Kräuteröl entsteht, oder bei praktischen Abenden zum Thema Naturkosmetik, bei denen die Teilnehmerinnen selbst kostbare Essenzen für Körper und Seele herstellen.

Dass diese Ausflüge mit Gabriele Heckmanns so inspirierend sind, liegt auch daran, dass ihre Liebe zur Natur ansteckend wirkt. „Wildkräuter zu sammeln, ist Entschleunigung pur", sagt sie. „Der Alltag fällt ab und man ist in einer anderen Welt." Und wenn am Ende einer solchen Exkursion nicht nur die Entdeckung der großartigen Pflanzenwelt des Niederrheins, sondern auch noch ein selbst gemachtes Kräutermenü steht, dann hat der Tag sich doch gelohnt.

Aira-Heilpflanzenschule, Krefelder Umweltzentrum, Talring 45, 47802 Krefeld, Tel. (01 75) 2 33 10 66
www.waldundwiesenfluestern.de

ÖPNV: Bus 060, Haltestelle Hülser Berg (ca. 9 Minuten Fußweg)

Kultfilm mit Sekt

60 *„Theater hintenlinks“ in der Im-Brahm-Brotfabrik*

Ein Glas Sekt, ein Milchkaffee, ein Croissant: Gibt es eine angenehmere Art, einen Sonntag zu beginnen? Vor allem, wenn es nach dem Frühstücksbüfett den Kultfilm „Frühstück bei Tiffany“ zu sehen gibt – im historischen Ambiente einer alten Bäckerei. Zwei Dutzend Zuschauer haben sich an diesem Morgen in der früheren Im-Brahm-Brotfabrik eingefunden und genießen das fröhliche Arrangement. Anuschka und Peter Gutowski vom „Theater hintenlinks“ haben sich das ausgedacht und sie haben Spaß daran, dass ihr monatlicher Audrey-Hepburn-Sonntags-Kickoff in Krefeld allmählich Kultstatus bekommt.

Die Brotfabrik an der Ritterstraße kennt jeder in Krefeld – wegen des pausbäckigen Jungen, der hier an der Fassade prangt: „Wie bitte? im Brahm Brot“ steht darauf. Die schlanken Backsteingebäude sind 1908 entstanden – damals wollten die Konsumgenossenschaften „Fortschritt“ und „Solidarität“ sicherstellen, dass Arbeiterfamilien günstig Lebensmittel bekommen. Im Giebel bezeugen das zwei in Stein gehauene nackte Männer und ein schwebender Engel. Im Hof entstand eine Großbäckerei, entworfen von Karl Buschhüter. 1933 verboten die Nazis die Genossenschaften, eine Bäckerei übernahm die Räume. Der Schildermaler Richard Hütter entwarf den legendären Im-Brahm-Jungen. Der Betrieb schloss 1983, der Bau – inzwischen saniert und in privater Hand – bietet jetzt Platz für Ateliers und Kreative: Zur „Im-Brahm-Familie“ gehören unter anderem die Quilt Galerie, ein Fotograf, ein Porzellan-Atelier und eine Schmuckdesignerin.

TIPP Das Theater kann man zum musikalischen „Spektakel an der Gartenpforte“ auch nach Hause bestellen!

Die alte Backstraße im Hof hat das „Theater hintenlinks“ mit seinen Stücken und Filmen wiederbelebt. Aktuelle Themen wie Gerechtigkeit und Flucht stehen auf dem Programm, Stücke für Jugendliche und Filme für Kinder. Dazu wunderbar Unterhaltsames, wie die wilde 1920er-Jahre-Revue „Bulette mit Weißbier – Fassbrause mit Kraut“. Oder eben das liebevoll zubereitete „Frühstück bei Tiffany“. So weist der pausbäckige Junge den Krefeldern immer noch den Weg zu glücklichen Stunden.

Theater hintenlinks, Ritterstraße 187, 47805 Krefeld, Tel. (0 21 51) 60 21 88
www.theaterhintenlinks.de

ÖPNV: Bus 051, 052, 057, 060, 061, NE5, NE6, Haltestelle Hauptbahnhof Süd (ca. 3 Minuten Fußweg)

Wie bitte?
im Brahm
Brot

Beste Eishockey-Stimmung

61 *Die Krefeld Pinguine und ihre Fans*

An diesem Abend wissen selbst hartgesottene KEV-Fans nicht, wo sie sich vor Freude lassen sollen. Die Pinguine führen nach dem ersten Drittel 4:0 gegen die Kölner Haie, die Stimmung ist bombastisch. „Traumhaft, das haben wir so lange nicht mehr erlebt", sagt einer. Nicht nur die Nordkurve ist ein Meer schwarz-gelber Fahnen und Schals. Die Fans im sehr gut besetzten Stadion feiern ausgelassen. An so einem Abend wissen sie, warum sie als Anhänger ihrem Club der „KEV Krefeld Pinguine", wie die Profimannschaft des 1936 gegründeten Krefelder Eislauf-Vereins heute heißt, die Treue halten.

Die Stadt ist eishockeyverrückt – und das seit acht Jahrzehnten. „Unsere Eltern haben uns als Kinder immer zum KEV mitgenommen und jetzt gehen wir halt weiter", erzählen zwei Freundinnen mittleren Alters in Fan-Klamotten. Nebenan steht eine ganze Familie („Wir kommen aus Linn, Oppum und Fischeln"), der zehnjährige Philipp findet den Spielstand „ziemlich cool". Ein anderer Fan ist wie jede Woche mit seinen Freunden da: „Die Gemeinschaft ist so gut hier", sagt einer von ihnen. „Beim KEV ist die beste Stimmung in Deutschland." (Sorry, Düsseldorf – aber das stimmt!). Das Schöne am Eishockey sei auch die große Fairness und der Respekt, ergänzen sie. Krawall wie beim Fußball gibt es hier nicht, selbst bei den berüchtigten Derbys gegen Köln und Düsseldorf.

TIPP Mal wieder selbst Schlittschuh laufen – in der Rheinlandhalle gegenüber!

2003, als die Pinguine zuletzt Deutscher Meister wurden, spielten sie noch in der Rheinlandhalle, bevor die Stadt gegenüber die neue Mehrzweckarena bauen ließ (bis vor Kurzem Königpalast, jetzt Yayla-Arena). Dauernd gibt es Diskussion in der Stadt: um die sportliche Leistung, um Geld, um die Ligalizenz. An diesem Tag ist alles vergessen – die 7000 Fans lassen sich einfach nur mitreißen. „So ein Tag, so wunderschön wie heute", schallt es von den Rängen der Nordkurve. Nach dem Spiel (es endet 8:2 für die Pinguine) drehen die Spieler eine Ehrenrunde und lassen sich feiern. „Ihr seid der Wahnsinn", freut sich Stadionsprecher Kristian.

Krefeld Pinguine, Yayla-Arena, Westparkstraße 111, 47803 Krefeld
www.krefeld-pinguine.de
ÖPNV: Bus 057, 061, Haltestelle Yayla-Arena (ca. 3 Minuten Fußweg)

KRIEEWELSCH ACTION
10
EISFIGHTER

Frische und gute Laune

62 *Der Wochenmarkt in Hüls*

Warum der Hülser Wochenmarkt so beliebt ist? Für die, die hier samstagmorgens einkaufen, keine Frage: „Weil der so klein und heimelig ist.“ „Weil man hier immer ein Schwätzchen halten kann.“ „Weil er einfach einmalig schön ist.“ Man möchte ergänzen: Weil kaum ein Wochenmarkt in der Region auf so einem hübschen Marktplatz in der Mitte historischer Gebäude liegt. Zwischen schmuckem Rathaus, dem mittelalterlichen Gasthof Zur Rose und der Kirche St. Cyriakus fällt die Vorstellung nicht schwer, dass der Hülser Markt hier schon immer seinen Platz hatte.

Der Wochenmarkt hat außerdem, worum manch andere Märkte kämpfen: ein gutes Angebot. Ein Dutzend Händler vom Niederrhein verkaufen hier Gemüse und Obst, Käse und Fisch, Biobrot und Blumen. „Wir sind ein grüner Markt“, sagt Käsehändler Axel Urbanski. „Keine Textilien.“ Und seine Mitarbeiterin Ursula Reckmann ergänzt: „Die Hülser gehen auf den Markt – bei jedem Wetter.“ Und die Händler kämen immer – „gegenseitige Verlässlichkeit“. Bei schönem Wetter lassen es sich viele Hülser nicht nehmen, nach dem Einkauf an den Tischen vor einem Café am Markt zu frühstücken und gut gelaunt dem bunten Treiben zuzusehen. „Die Hülser“, sagt eine Marktbesucherin, die mit ihrer Enkelin unterwegs ist, „sind von Natur aus sehr kontaktfreudig.“ Der Markt ist da ein willkommener Treffpunkt.

TIPP Nach dem Markttreiben in der sehenswerten Pfarrkirche St. Cyriakus zur Ruhe kommen.

Apropos Lokalpatriotismus: Das Hülser Gemüse schlechthin ist der „Breetlook“, Breitlauch, also Porree. Mit dem sollen die Hülser Marktfrauen, die „Trinas“, im Dreißigjährigen Krieg den Markt bestreut haben, um die Pferde einer angreifenden Räuberbande zu Fall zu bringen. Hat funktioniert – die Hülser konnten die ausgerutschten Banditen überwältigen. Die Geschichte hat der Glasmaler Pitt van Treek auf Bleiglasfenstern dargestellt – zu sehen im Eingangsbereich des Restaurants Santa Lucia, im Haus einer historischen Poststation von 1588. Die Hülser rufen seitdem zu Karneval nicht „Helau“ (wie die Krefelder), sondern „Breetlook“. Und den findet man auch heute noch auf dem Hülser Wochenmarkt.

Hülser Wochenmarkt, Hülser Markt, 47839 Krefeld, samstags 7 bis 12 Uhr
ÖPNV: Bus 045, 046, 069, 076, 077, 079, Haltestelle Hülser Markt (ca. 4 Minuten Fußweg)

RATHAUS

Voller heller Erinnerungen

63 *Das alte Stadtbad in Uerdingen*

Bademeisterin Vanessa Strump hat einen beneidenswerten Arbeitsplatz: Wenn sie vor ihrem gläsernen Aufsichtsraum am Beckenrand sitzt, blickt sie in diese wunderbar helle Schwimmhalle, die sich die Uerdinger im Jahr 1907 als Badeanstalt geleistet und bis heute erhalten haben. Die 165.000 Mark damals waren gut investiert: Es gibt nicht mehr viele Schwimmbäder aus dieser Zeit, die noch in Betrieb sind – nur etwas über zwei Dutzend bundesweit. Das Uerdinger Bad gehört dazu.
Klein, aber fein – so könnte man die Idee hinter dem Bau Anfang des vorigen Jahrhunderts beschreiben. Die Uerdinger waren bis dahin im Rhein geschwommen, in einer „Flussbadeanstalt". Die war marode, die Stadtverordneten beauftragten den Bau eines richtigen Bads mit einer schmucken Fassade aus Klinker und Putz, Platz für ein (damals) 9 mal 18 Meter großes Becken sowie einem Trakt mit elf Kabinen für Wannen und 25 für Brausen zur Körperpflege – Badezimmer gab es damals in den Häusern nicht. Seele der Anlage war und ist die Schwimmhalle mit ihrer gewölbten Decke und den hellen Bogenfenstern, die den hohen Raum in ein bezauberndes Licht tauchen. Kaiserzeit pur, Anfang 1992 renoviert und modernisiert, eine liebevolle denkmalgeschützte Erinnerung an die wilhelminische Ära. In den Wannentrakt ist eine Kita eingezogen, das Bad wird von Schwimmvereinen, Wasserballern, Kanuten (sie üben hier ihre Eskimo-Rolle) und Schulen benutzt. „In Uerdingen gehören Wassersport und Stadtbad zur DNA", sagt Dieter Porten, Badbetriebsleiter der Stadt Krefeld.
Und so drehen die Badegäste ihre Kreise und genießen das Wasser: der 61-jährige Wolfgang Rueß, der seinem Sohn hier schon einst das Schwimmen beigebracht und „viele Erinnerungen" an diesen Ort hat. Familie Panzer mit ihren Kindern (Helene liebt es, zu tauchen, und Claas spielt gern mit seinem Wasserspielzeug), die sich über diesen Glücksort in ihrer Nachbarschaft freut. Und Vanessa Strump, die hier gerne aufpasst – an diesem Ort, der „so alt ist und so harmonisch".

TIPP Samstagvormittag ist Warmbadetag – muckelige 30 Grad!

Stadtbad Uerdingen, Kurfürstenstraße 18, 47829 Krefeld, Tel. (0 21 51) 48 19 37
ÖPNV: Bahnhof Uerdingen, Straßenbahn 043, Bus 054, 058, 831, 927, 941, SB 80 (ca. 3 Minuten Fußweg)

Schiffswalzer ins Glück

64 *Mit der Fähre „Michaela II" auf dem Rhein*

An diesem sonnigen Frühjahrssonntag sind auf der „Michaela II" mindestens drei Menschen unterwegs, die richtig glücklich sind. Fritzi ist fast sechs Jahre alt, macht mit ihrem Vater einen Schiffsausflug von Meerbusch nach Kaiserswerth, steht am Kinder-Steuerrad an der Reling, die andere Hand an der Schiffsglocke, blinzelt in die Sonne – und strahlt. Eine Etage tiefer sitzt ein Autofahrer am Lenkrad, das Fenster heruntergekurbelt. Er hätte auch über die Brücke fahren können, erklärt er. Aber er hat die Fähre genommen: „Was für eine schöne Art der Entschleunigung", sagt er.

Der dritte Glückspilz heißt Dominik Rottmann, er ist 27 Jahre jung und heute der Kapitän. „Mache ich seit zwei Jahren", sagt er. „Und es ist mein Traumberuf." Jeder Tag auf dem Wasser sei anders, erzählt er. Mal befördert er Radfahrer, die den schönen Weg am Rhein entlang genießen wollen. Mal Familien mit Kindern auf einem Ausflug. Dann wieder setzt er ein Hochzeitspaar über, das in Kaiserswerth geheiratet hat und nun im gegenüberliegenden Rheinhotel feiert. Fährinhaber Hajo Schäfer, dessen Familie die Rheinfähre seit 55 Jahren betreibt, zeigt auf die vielen Liebesschlösser an der Reling – Beweis für glückliche Momente auf dem Wasser. „Für ein Hochzeitspaar machen wir schon einmal den Schiffswalzer: eine komplette Drehung des Schiffs um 360 Grad."

TIPP Von Linn aus mit dem Fahrrad am Rhein entlang zur Fähre radeln – dauert etwa eine halbe Stunde.

„Fähren ist … der kleine Urlaub zwischendurch" steht auf einem Schild an Deck. Stimmt: Sich den Wind um die Nase wehen lassen, die Weite des Blicks genießen, den großen Pötten auf dem Rhein einmal ganz nahe kommen – das macht schon Spaß. In Kaiserswerth in den Biergarten mit Blick auf den Rhein einkehren, durch die interessante Altstadt bummeln oder am Rheinstrand bei traumhaftem Wetter noch in der Sonne sitzen – was will man mehr? Schade nur, dass die Überfahrt so schnell geht: In weniger als zehn Minuten ist man drüben. Aber da das Ticket billiger ist als eine Straßenbahnfahrt, kann man ja vielleicht auch zweimal fahren. Oder man macht es wie Dominik Rottmann – und wird Kapitän …

Rheinfähre von Langst nach Kaiserswerth, Zur Rheinfähre, 40668 Meerbusch, Tel. (0 21 50) 65 30 www.rhein-faehre.de

ÖPNV: Bus 839, Haltestelle Zur Rheinfähre (ca. 6 Minuten Fußweg)

Bunt und gemeinsam

65 *Die „Urbane Nachbarschaft Samtweberei“*

Wer von der Lewerentzstraße aus das Gelände der Alten Samtweberei betritt, entdeckt eine Art öffentliches Open-Air-Wohnzimmer. Eine große Shedhalle, in der sich die Menschen wie in einem Park treffen können, nur eben überdacht. Mit einer Boulebahn, einem wie ein Café eingerichteten Raum für die Nachbarschaft, einem Bücherschrank und Regalen mit Schönem und Nützlichem zum Tauschen. Daran angrenzend ein kleiner Gemeinschaftsgarten, in dem an diesem Vormittag ein junger Mann an einem Gewächshaus werkelt. Er ist Ingenieur und arbeitet in Duisburg, wohnt mit seiner Familie aber hier in der Samtweberei, berichtet er. Weil das ein interessanter Ort sei. Und ein beschützter Ort für seine Kinder.

Die „Urbane Nachbarschaft Samtweberei“ ist ein Projekt, das das Viertel in der südwestlichen Innenstadt in den letzten Jahren vitalisiert hat. Angefangen hat es mit dem großen leer stehenden Gebäude der historischen Samtweberei – ein denkmalgeschützter Bau mit viel Charme, aber ohne Funktion. Die „Montag Stiftung Urbane Räume“ entwickelte mit der Stadt Krefeld die Idee, aus der Samtweberei ein neues Herz für das Viertel zu machen. Bis 2018 flossen acht Millionen Euro in den Ausbau, entstanden sind 37 große und kleine Wohnungen, dazu etliche Räume für Ateliers und Büros. Die Mieter engagieren sich in Gruppen für die Samtweberei und das Viertel. Das Zentrum der Anlage mit Shedhalle, Innenhof und Garten ist öffentlich. Hier feiern Kinder ihren Geburtstag, machen Jugendliche ihren Inline-Führerschein oder man verabredet sich zum Boule-Spielen.

TIPP Schulferien in der Shedhalle: vom Tape-Art-Workshop bis zur Spielaktion Mobifant, immer was los!

Wer im Samtweberviertel unterwegs ist, kann eine Veränderung spüren. Ob beim Kirschblütenfest am Alexanderplatz, mit neuen Cafés oder Kulturangeboten: In diesem bunten, vielfältigen Quartier zu wohnen, entwickelt zunehmend Anziehungskraft. Das Projekt „Urbane Nachbarschaft“ hat daran seinen Anteil. Ein spannender Ort für alle, die eine andere Seite dieser Ecke Krefelds kennenlernen wollen, beim jährlichen Nachbarschaftsfest oder einfach mal so.

Alte Samtweberei, Lewerentzstraße 104, 47798 Krefeld, Tel. (0 21 51) 1 52 82 93
www.samtweberviertel.de
ÖPNV: Bus 058, Haltestelle Alexanderplatz (ca. 2 Minuten Fußweg)

Ort der Kultur und der Liebe

66 *Die Hülser Burg*

Muss eine mittelalterliche Burg immer dunkel, gewaltig und Respekt einflößend sein? Muss sie nicht. Die Hülser Burg macht, wie sie so liebevoll renoviert zwischen Park und Schule in der Sonne liegt, keinen abschreckenden, sondern einen sehr einladenden Eindruck. Vielleicht liegt das auch daran, dass sie – im Gegensatz etwa zur Linner Burg – eher klein ist. Auch wenn der Wassergraben keinen Zweifel daran lässt, wozu sie im Jahr 1455 erbaut wurde. Damals diente die backsteingemauerte Wasserburg dem Ritter Friedrich von Hüls als Fluchtburg. Sie bestand aus einer Wohnburg mit Herrenhaus und zwei Türmen sowie einer vorgelagerten Vorburg im Bereich des jetzigen benachbarten Schulhofs.

Heute braucht man ein wenig Vorstellungskraft, um sich die Schlachten vor Augen zu halten, die um diese Burg dereinst getobt haben. Auch dass hier im Jahr 1492 einer Frau aus Inrath der Prozess als Hexe gemacht wurde, wirkt wie aus einer anderen Welt. Zu Pfingsten 1686 ging die gut 200-jährige Geschichte der Burg in Hüls jedenfalls zu Ende – sie versank in Trümmern und blieb fortan eine Ruine. Erst drei Jahrhunderte später erinnerten sich die Hülser ihrer Burg: Heimatverein und Sportverein packten die Sanierung an – in 25.000 Arbeitsstunden legten engagierte Ehrenamtliche die Ruine frei, mauerten den Hauptturm wieder auf, legten den Burghof neu an und bewässerten den ebenfalls rekonstruierten Burggraben, der das Gemäuer heute malerisch einfasst.

TIPP

Im Sommer ist die Burg sonntags von 14 bis 17 Uhr für jeden offen.

Im Turm sind beim Wiederaufbau zwei Räume entstanden, in denen sich Krefelder Paare in festlichem Rahmen das Jawort geben können. Davor liegt geschützt der schöne Burghof – mit viel Platz für Konzerte, Theater, interessante Ausstellungen und gesellige Vereinsfeste. Um die Burg führt ein Weg, Bänke laden zum Verweilen ein und abends wird die Anlage mystisch angestrahlt. Und der hinter der Burg liegende Park mit Spielplatz ist ein beliebter wie erholsamer Ort im Zentrum von Hüls. So ist aus der Ruine von einst ein schmuckes Wahrzeichen für den Stadtteil geworden.

Hülser Burg, Herrenweg, 47839 Krefeld

ÖPNV: Bus 045, 049, Haltestelle Rektoratsstraße (ca. 2 Minuten Fußweg)

Live-Momente mit Riesenkraft

67 *Das KRESCHtheater in der Fabrik Heeder*

„Glück ist", sagt Theaterleiterin Isolde Wabra, „die Begeisterung von Kindern zu erleben, wenn sie – manche zum ersten Mal – ein Theaterstück sehen." Etwa wie beim rührenden Märchenklassiker „Drei Haselnüsse für Aschenbrödel": Eine kleine Zuschauerin bekam mit, dass die nächste Vorstellung direkt im Anschluss beginnen sollte. „Sie wollte sofort dableiben und noch mal gucken. Das tut gut." Oder als die KRESCH-Truppe vor der Klasse einer Berufsschule „Out" aufführte – ein bewegendes Stück über Cybermobbing. Die Klasse, erinnert sich die Theatermacherin, „lag sich danach weinend in den Armen". Oder beim Klassiker „Karius und Baktus", in dem die Kinder hautnah mit dem kleinen Jens leiden. Theater löst ganz viel aus. Theater ist eben live – und „Live-Momente haben eine Riesenkraft".

Glück ist es auch, dass das Kinder- und Jugendtheater der Stadt Krefeld in der alten Fabrik Heeder seine Räume hat. Die beeindruckend hohe Studiobühne 1, in der früher Tapeten zum Trocknen hingen, ist mit seinen vielen Galerien geradezu „ein Shakespeare-Gebäude", findet Isolde Wabra: „Diese Räume haben Magie." Zwei Bühnen, drei helle Proberäume, ein großzügiges Foyer mit Bar – das 1906 errichtete denkmalgeschützte Gebäude ist eine der schönsten Industriebauten im Krefelder Süden. Auch das Tanztheater „move" ist hier untergekommen, das Stadttheater nutzt die Fabrik als Spielstätte und das Kinderkino „Spunk" zeigt hier seine Filme.

TIPP Lust am Spielen? Das KRESCH bietet Theatergruppen für Kinder und Jugendliche sowie Impro-Theater an.

Das KRESCHtheater macht ein Programm, das Tausende von Schülern jährlich an das Theater heranführt, aber inzwischen auch von immer mehr Erwachsenen entdeckt wird. Ob das Dritte-Reich-Drama „Jubiläum" von Tabori oder „Fast Faust" – die neue Leiterin lockt mit Aufführungen abends und am Wochenende auch Erwachsene und Familien in die Räume. Und die gebürtige Österreicherin war dabei überrascht, wie „extrem offen" die Menschen in Krefeld sind. „Multikulti – auf die freundliche Art. Eine Stadt zum Wohlfühlen." Was für ein Glück!

KRESCHtheater, Virchowstraße 130, 47805 Krefeld, Tel. (0 21 51) 86 26 26
www.kresch.de

ÖPNV: Straßenbahn 041, Haltestelle Krefeld Klinikum (ca. 2 Minuten Fußweg), Bus 052, 057, 060, 061, Haltestelle Hauptbahnhof Süd (ca. 4 Minuten Fußweg)

68 *Der Biergarten des Stadtwaldhauses*

Wer nach einem heißen Sommertag den Abend bei einem kühlen Getränk mit Blick auf den lauschigen Stadtwaldweiher genießen will: Im Biergarten des Stadtwaldhauses findet er das richtige Plätzchen dazu. Die Kinder sind auf dem Spielplatz beschäftigt, man sitzt an einem der Biertische oder liegt einfach auf der Wiese am Wasser. Kriegt man Hunger, holt man sich eine Brezel oder einen Leberkäse aus der „Hütte", und wer es etwas gepflegter mag, lässt sich am Tisch eines der saisonalen Gerichte bringen. Sehr entspannt alles – und so finden sich im Biergarten gerne schon einmal bis zu 2000 Gäste ein, die sich an diesem besonderen Ort mit Freunden treffen. Für die Krefelder schon lange ein Lieblingsort. Zweimal schon ist der Biergarten des Stadtwaldhauses in einem Voting des Gourmet-Magazins „Falstaff" zum beliebtesten in Deutschland gewählt worden. Für die Betreiber ein Grund zum Stolz, zumal dieser Ort über lange Jahre im Dornröschenschlaf lag. Als Anfang der 1990er-Jahre Helmut Lang das Haus übernahm, brachte er die Biergarten-Idee aus Bayern mit. Damals war das noch neu und schlug hier ziemlich ein: Statt auf Plastikstühlen zu sitzen und ein Kännchen Kaffee zu bestellen, konnten die Krefelder jetzt zwanglos ein zünftiges Alt auf Bierbänken trinken und die grüne Atmosphäre des Stadtwalds genießen. Das sprach sich schnell herum. Das 120 Jahre alte Stadtwaldhaus selbst – ein historisches Jugendstil-Gebäude – ist Veranstaltungen und Events vorbehalten und in Krefeld sowieso eine feste Institution.

TIPP Ein Spaziergang durch den weitläufigen Stadtwald ist an einem Sommerabend besonders romantisch.

Wer draußen sitzt, kommt überdies noch in den Genuss der Livemusik, die häufig aus der ebenfalls alten Konzertmuschel am Rande des Biergartens ertönt. Überkommt einen etwas Bewegungsdrang, kann man sich noch beim Bootsverleih am Wasser ein Tretboot mieten und ein paar Runden über den idyllischen Stadtwaldweiher drehen. Und wenn man davon durstig geworden ist … Ein Nachmittag oder Abend im Biergarten wird also so schnell nicht langweilig.

Stadtwaldhaus Krefeld, Hüttenallee 108, 47800 Krefeld, Tel. (0 21 51) 59 37 84
www.stadtwaldhaus.de

ÖPNV: Bus 058, Haltestelle Stadtwald, Bus 054, Haltestelle Schönwasserstraße (ca. 8 Minuten Fußweg)

Ringmaier-Boote.de

Explosion der Farben

69 *Das Deutsche Textilmuseum in Linn*

Ein blau-weiß-rotes Tageskleid mit langen Ärmeln und Gürtel von 1925, ein eisblaues Abendkleid mit Schärpe aus den 1930er-Jahren, ein schräg geschnittenes, schmales braunes Kleid in Ausbrennersamt mit tiefem Rückenausschnitt: Wer durch diese Ausstellung flaniert, erlebt die Faszination einer Modewelt, die ein Jahrhundert alt ist und doch bis heute nachwirkt. Krefeld war damals ein Hotspot der Mode – vertreten etwa durch den Bauhaus-Meister Johannes Itten, der in seiner „Flächenkunstschule" mit Schülern an experimentellen Textildesigns arbeitete.

„Zeitkolorit – Mode und Chemie im Farbenrausch" hat das Deutsche Textilmuseum diese temporäre Ausstellung genannt, die sich einem höchst bunten Thema widmet: den Farben. Bis Mitte des 19. Jahrhunderts, so sehen es die Besucher an vielen Beispielen, arbeitete die Textilindustrie nur mit Naturfarben: Färberwaid, Indigo, Purpur – aufwendig und teuer. Dann entdeckte man durch Zufall die synthetischen Anilinfarben. Eine neue Welt eröffnete sich, eine Explosion der Möglichkeiten, vor allem in Verbindung mit den ebenfalls neuen synthetischen Fasern. Mode wurde preiswert und schnelllebig – die Ausstellung zeigt all das an 50 Originalkleidern, Accessoires wie Hüten und Handtaschen, einem nachgebauten Labor und einem beeindruckenden „Seidenspektrum" aus einzelnen Stoffbahnen mit 90 Farbtönen der landesweit bedeutsamen Färberei- und Appreturschule Krefeld.

TIPP Der Andreasmarkt ist einer der schönsten Plätze in Krefeld – Führung durch die Linner Altstadt machen!

Das Textilmuseum mit seinem bundesweit einzigartigen Schatz an 30.000 textilen Objekten will beides: Die Textilgeschichte erforschen – und gleichzeitig mit seinen temporären Ausstellungen die Menschen für das spannende Medium Textil begeistern. So erlebt man in dem Bau am Linner Andreasmarkt immer neue Überraschungen: Ob es um die Mode der 1950er- bis 1970er-Jahre geht („Deutsche Couture") oder die Ausstellung „Drachen aus goldenen Fäden" über chinesische Textilien – die Museumsmacher zeigen immer neue Facetten der Welt der Stoffe auf. Und wo sollte so ein Haus stehen, wenn nicht in Krefeld?

Deutsches Textilmuseum Krefeld, Andreasmarkt 8, 47809 Krefeld, Tel. (0 21 51) 9 46 94 50
www.krefeld.de

ÖPNV: Straßenbahn 044, Haltestelle Burg Linn (ca. 4 Minuten Fußweg)

70 *Die Windmühle am Egelsberg*

Diese Mühle hat mindestens zwei Gesichter. Erklimmt man an einem Sonnentag den Hügel, auf dem das historische Bauwerk steht, so wird man fast von dem strahlend weißen Gebäude geblendet. Die Besucher der zwischen Wiesen und Waldstreifen gelegenen Mühle erleben eine friedvolle Ruhe, das Gezwitscher der Vögel und eine sanfte Brise lassen sie spüren, dass man hier am Niederrhein ist. Nach Einbruch der Dämmerung zeigt sich die Egelsbergmühle von einer anderen Seite: Dann tauchen Strahler sie in ein mystisches Licht, ein sanfter Zauber geht von dieser Windmühle aus.

Die Mühle auf dem Egelsberg ist das Wahrzeichen des Stadtteils Traar und sogar auf dem Wappen Traars verewigt. Erbaut wurde sie als Turmholländer Ende des 18. Jahrhunderts auf einem eiszeitlichen Hügelwall. Die Mühle hat eine Holzschindelhaube und vier Flügel mit einem Durchmesser von immerhin 19,5 Metern. Das Räderwerk im Inneren besteht noch, die Mechanik ist aber nicht mehr vollständig. 1930 wurde die Getreidemühle auf Motorbetrieb umgestellt, nach dem Zweiten Weltkrieg, in dem sie stark beschädigt wurde, war sie nicht mehr in Betrieb. Danach litt die Bausubstanz zunehmend.

TIPP Der Sonnenuntergang auf dem Mühlenhügel ist ein besonderes Erlebnis.

2016 beschlossen die Bürger, ihre Mühle zu retten. Der Bürgerverein Traar pachtete sie von der Stadt Krefeld, Stadt und Verein verständigten sich über die Sanierung. Ein holländischer Mühlenbauer setzte die Flügel instand, das Mauerwerk wurde neu verputzt und gestrichen. Dann wurde die Dachhaube in Ordnung gebracht, es folgt noch der statisch wichtige „Königsbalken“. Damit ist die Mühle voraussichtlich bald wieder in Schuss – und soll als ganz besonderer Ort für Trauungen, Feiern und Ausstellungen offen sein. Auch wer die Mühle ohne Anlass von innen sehen will, wird einmal im Monat die Gelegenheit dazu haben. Doch auch jetzt schon ist die Mühle wegen der idyllischen Lage einen Besuch wert. Und ob strahlend weiß am Tag oder mystisch-gelb in der Nacht – ihr Charme verzaubert die Krefelder und erinnert sie daran, wie schön es ist, am Niederrhein zu leben.

Egelsbergmühle, Am Egelsberg 56, 47802 Krefeld
www.egelsbergmuehle-krefeld-traar.de
ÖPNV: Bus 052, Haltestelle Elfrather Weg (ca. 5 Minuten Fußweg)

Dorado für Schatzsucher

71 *Secondhand bei B.UNT. Vintage & Design*

Am liebsten, sagt Mitarbeiterin Fatiha Schweitzer, sitze sie im „Wohnzimmer". Das ist aber auch zu gemütlich: ein kleines Zweisitzer-Sofa vor einem niedrigen Holztisch im Schaufenster des Ladens, gegenüber zwei mit altem Geschirr dekorativ eingedeckte Esstische. Bei einer Tasse Kaffee (in der Weihnachtszeit auch gerne bei einem Glas Glühwein) können Kunden sich nach ihrer Expedition in die Tiefen des Ladens im Wohnzimmer erholen. Manche kommen auch nur zum Klönen. Der Secondhandladen ist ein Dorado für Freunde ungewöhnlicher Kleidung, alter Möbel oder von Spielzeug aus vergangenen Zeiten – und er ist ein bisschen auch Nachbarschaftstreff.
Wer den Laden durchstöbert, dem fällt vor allem auf, mit wie viel Liebe hier alles dekoriert ist. Auf einer Stange hängen Blusen und Jacketts sortiert nach den Farben des Regenbogens. In einer Glasvitrine sind kleine Ohrringe und Halsketten kunstvoll arrangiert. Hingucker auf der Ladentheke ist ein altes Spielzeug-Holzkarussell mit acht Pferdepaaren, während gegenüber ein Stapel Pucki-Kinderbücher und drei alte lederne Reisekoffer die Blicke auf sich ziehen. Im Raum nebenan stehen Design-Möbel und Accessoires der 1960er- und 1970er-Jahre neben einem dänischen Teakholzschrank auf Metallfüßen. Diese hat die Inhaberin Barbara Unterberg-Greyn selbst für das Möbelstück entworfen. Alte Stücke und ihre oft überraschende Verarbeitung zu entdecken, sei für sie immer wieder unglaublich spannend, sagt sie. Und sie zu erhalten, ein großes Glück. Inzwischen arbeiten auch ihre beiden Töchter Jirina und Zarah mit – die Liebe zu Altem hat auch die junge Generation erfasst. Eine Kundin aus der Nachbarschaft sieht unterdessen eine Auslage mit seidenen Schals durch. Sie kaufe hier, sagt sie, weil das, was man in diesem Laden bekomme, anders sei als in den Modeketten. Nachhaltiger, individueller, mit Geschichte. Das ist richtig: Hier kann man Dinge finden, die es eigentlich nicht mehr gibt. Und das Finderglück dann mit einer Tasse Kaffee feiern – im Wohnzimmer.

TIPP Weitere charmante Läden in der Nachbarschaft entdecken – und um die Ecke das Café Liesgen.

B.UNT. Vintage & Design, Evertsstraße 42, 47798 Krefeld, Tel. (0 21 51) 77 71 57
www.secondhand-outfit.de
ÖPNV: Bus 051, Haltestelle Kaiser Wilhelm Museum (ca. 4 Minuten Fußweg)

ÖFFNUNGSZEITEN:
Mo: geschlossen
Di: 10-13 und 15-18
Mi: 10-13 und 15-18
Do: 10-18
Fr: 10-13 und 15-18
Sa: 10-16
LYDIE
AUVRAY

Der doppelte Rittberger

72 *Eislaufen in der Rheinlandhalle*

Eislaufen, das ist in Krefeld ein Familien-Vergnügen. An diesem Samstagnachmittag hat Großmutter Dagmar ihre Tochter Sarah und die Enkelinnen Sally (7) und Lina (5) mitgebracht. Während die Kleinen mit Unterstützung der Mutter auf dem Eis unterwegs sind, steht Dagmar am Rand und erinnert sich mit Vergnügen an ihre Jugend auf Schlittschuhen. „Da traf man sich halt." Auch mit Jungs. Ihre Tochter Sarah sucht auf dem Eis etwas anderes: „Die Seele frei laufen" kann sie sich hier, sagt sie. Ein wenig weiter drehen unterdessen drei Freundinnen ihre Runden: Merle und Anna sind 10, Nele ist 12, und sie sind heute eindeutig die größten Künstlerinnen auf dem Eis. Mit unermüdlicher Ausdauer und erkennbar viel Spaß zeigen sie ihre Pirouetten, üben Sprünge und studieren kleine Formationen zu dritt ein. Eigentlich ist ihre Leidenschaft Kunstlauf auf Inlinern – aber das Eis beherrschen sie auch.

Die Krefelder haben das Eislauf-Gen. Werner Rittberger, erfolgreichster deutscher Eisläufer und Namensgeber des berühmten Sprungs, lebte bis zu seinem Tod 1975 in Krefeld – kein Zufall. Gleich drei Hallen liegen in unmittelbarer Nachbarschaft: In der Mehrzweck-Yayla-Arena gibt es jede Woche die spannenden Eishockey-Ligaspiele der Pinguine, in der traditionsreichen Rheinlandhalle – 1936 gebaut, in der 1950er-Jahren überdacht – und in der etwas jüngeren Rittberger-Halle frönen die Krefelder dem Eissport als Hobby: Von morgens 8 Uhr bis abends 22.30 Uhr sind in diesen beiden Hallen Kindergarten-Kids und Schulklassen auf den Kufen, üben die ehrgeizigen Jugendmannschaften des KEV, spielen Senioren und Spaß-an-der-Freud-Spieler in Hobby-Clubs, trainieren Eiskunst-Läuferinnen aus verschiedenen Vereinen. Und wer einfach so übers Eis gleiten will, findet auch dazu in der Rheinlandhalle reichlich Gelegenheit, nicht nur am Wochenende – Schlittschuhe kann man ausleihen. Vielleicht werden die beiden alten Hallen demnächst durch eine neue ersetzt. Aber eins ist sicher: Ohne Eislaufhalle geht gar nicht. Denn auf dem Eis zu sein, macht die Krefelder glücklich!

TIPP **Für alle Eislauf-Fans: Die Ligaspiele der Pinguine in der Arena gegenüber sind ein Erlebnis!**

Rheinlandhalle, Westparkstraße 126, 47803 Krefeld, Tel. (0 21 51) 87 88 80
www.krefeld.de

ÖPNV: Bus 057, 061, Haltestelle Yayla-Arena (ca. 2 Minuten Fußweg)

Best

Warmer Atem im Nacken

73 *Yoga mit Alpakas*

„Es kann schon einmal passieren", erklärt Almuth Becker, „dass du plötzlich einen warmen Atem im Nacken spürst. Das ist dann Sam. Er ist sehr neugierig und will wissen, wie deine Haare riechen. Wenn du dich dann umdrehst, siehst du in große Kulleraugen." Sam ist – ein Alpaka. Also eines jener großen Tiere aus Peru, die aussehen wie Lamas. Weißes weiches Fell, superlieb, ganz leise – Alpakas hört man kaum, sie haben keine Hufe, sondern weiche Schwielen-Sohlen. Und sie sind wirklich sehr neugierig. Sie wollen wissen, wer da heute auf ihrer Weide liegt, auf Matten, und wer da allerhand Verrenkungen macht.

Die da liegen, das sind die 25 Teilnehmerinnen eines Faszien-Yoga-Kurses, des vielleicht ungewöhnlichsten „Fayo"-Kurses am Niederrhein. Die Frauen (und hin und wieder auch ein Mann), die sich da um ihr Bindegewebe mühen, tun dies mit einem Lächeln im Gesicht. Denn wer kann schon ernst bleiben, wenn einem Sam treuherzig in die Augen guckt? Ein Dutzend Alpakas bevölkert gerade die Weide dieses Hofes in Willich-Anrath, und dass Yoga-Trainerin Hildegard Cattien gerade hier zum Training bittet, hat einen guten Grund. Die Alpakas tun den Yoga-Freunden ausgesprochen gut. „In den Himmel gucken, entspannen, das sind Glücksmomente", bringt Alpaka-Züchterin Almuth Becker es auf den Punkt.

TIPP Man kann Zeit mit den Alpakas auf der Weide verbringen – und sogar mit ihnen spazieren gehen.

Vor vier Jahren sind die Hobby-Züchterin und die Yoga-Lehrerin auf die ungewöhnliche Idee gekommen, Yoga auf der Weide anzubieten. Weil die Tiere eine so entspannte Art haben, so friedlich und freundlich sind, passen sie gut zu dieser Sportart, meinten die beiden. Und sie hatten recht: Die Mischung aus (manchmal durchaus anstrengendem) Bindegewebe-Training und fröhlichem Alpaka-Schmusen hat auf Körper und Seele gleichermaßen heilende Wirkung. Die Frauen kommen inzwischen von weit her, um sich zum Dehnen unter die Alpakas zu mischen. Manche erleben im Laufe eines Sommers dabei auch, wie die Alpaka-Fohlen langsam heranwachsen. Für die Teilnehmerinnen, so sagen sie selbst, ist das „pure Lebensfreude".

Alpakas am Flöthbach, Süchtelner Straße 73, 47877 Willich, Tel. (0 21 56) 91 10 68
www.alpakas-am-floethbach.de
ÖPNV: Bus 054, Haltestelle Willich-Lindenstraße (ca. 2 Minuten Fußweg)

Magische Töne aus Krefeld

74 *Bandoneonspieler-Denkmal auf der Neusser Straße*

Was hat das niederrheinische Krefeld mit argentinischem Tango zu tun? Es ist eine kuriose und schöne Geschichte, die der Stadt zu einer musikalischen Seelenverwandtschaft mit Südamerika verhilft. Und die ihren Höhepunkt alle zwei Jahre im großen Bandoneon-Festival findet, bei dem Künstler aus der ganzen Welt in Krefeld auftreten – für Musikfreunde ein Erlebnis und eine wunderbare Gelegenheit, dieses Instrument immer neu kennenzulernen und sich von der Magie seines Klangs anstecken und mitreißen zu lassen!

Der Krefelder Heinrich Band hat das Bandoneon vor mehr als 170 Jahren entwickelt. Sein Vater Peter hatte am Dionysiusplatz ein Musikgeschäft, in dem er auch die zum volkstümlichen Musizieren beliebten Akkordeons verkaufte. Sohn Heinrich, ein begeisterter Tüftler, übernahm das Geschäft und verfeinerte das Akkordeon mit einem größeren Klangraum, durch Nummern an den Tasten und in den Noten schnell erlernbar. Das nach ihm benannte „Bandoneon" war viele Jahre ein Verkaufsschlager, bis es viel später vom Akkordeon mit seiner Klaviertastatur wieder verdrängt wurde. Dass wir das Bandoneon heute noch kennen, ist Zufall: Es gelangte kurz nach seiner Erfindung im Gepäck von Auswanderern nach Südamerika. Weil es mit seinem singenden und melancholischen Klang so perfekt zum Tango passte, entwickelte es sich zu dessen Hauptinstrument. Seine Renaissance in Europa erlebte der Tango durch den genialen Astor Piazzolla – und durch Tangomusiker, die in den 1970er-Jahren aus Argentinien geflüchtet sind. Mit ihnen kehrte das Bandoneon in seine Heimat zurück. Die Stadt Krefeld nahm das zum Anlass, ihren Sohn Heinrich Band mit einem Festival zu ehren. Und vor dem Hansazentrum schlägt seit 1987 ein lebensgroßer Bandoneonspieler aus Bronze einen Hund und zwei Kinder in seinen Bann: Die beiden Kinder sind zwischenzeitlich Metalldieben zum Opfer gefallen, sollen aber ersetzt werden. Wer vor diesem fröhlichen Denkmal des Künstlers Peter Lehmann steht, kann die Klänge der Tangomusik förmlich hören!

TIPP **Organisiert wird das Festival vom Kulturbüro der Stadt – Programm auf der Stadtseite.**

Der Bandoneonspieler, Neusser Straße vor dem Hansazentrum

ÖPNV: Haltestelle Krefeld Hauptbahnhof, zahlreiche Busse und Bahnen (ca. 2 Minuten Fußweg)

Zentral wohnen,
mittendrin leben.
Niveauvolle

Haarschnitt mit Begegnung

75 *Begegnungsstätte und Friseursalon Pampelmuse*

Ein Friseursalon? Danach sieht es eigentlich nicht aus. Wer durch dieses Schaufenster in der Krefelder Lindenstraße schaut, sieht einen Plattenspieler und einen Stapel Langspielplatten (obendrauf Mick Jagger), daneben einen alten Kaugummi-Automaten. Innendrin steht ein großes Sofa, liegt ein Stapel Zeitschriften (keine „Gala", sondern „Psychologie heute"), hängt eine Sammlung historischer Fotos aus Krefeld in grünen und goldenen Holzrahmen. Dahinter eine kleine Küche mit einer Kaffeemaschine und großem 1950er-Jahre-Kühlschrank. Als Frisiertisch dient eine Singer-Nähmaschine. Davor ein Frisierstuhl – bei Elif Manaz gibt es Platz für genau einen Kunden. Hier wird jeder persönlich behandelt.

Ein gewöhnlicher Salon ist das nicht – Elif Manaz ist auch keine gewöhnliche Friseurmeisterin. Diese Frau voller Energie ist eher der gute Geist eines speziellen Ortes der Begegnung im Krefelder Samtweberviertel, in dem auch Haare geschnitten werden. Hier können aber ebenso schon einmal befreundete Musiker ein Konzert geben – dann wird es voll im Laden. Und diskutiert wird hier eigentlich immer. Über Politik, über Kultur, über das Leben in diesem interessanten Stadtteil. Elif Manaz ist Mitte 30, lebt seit ihrem zweiten Lebensjahr in Krefeld, liebt das Viertel im Krefelder Süden und hat doch ihre eigene Geschichte mit dieser Stadt. Als sie Teenie war, sollte ihre Familie mit kurdischen Wurzeln abgeschoben werden – die altkatholische Gemeinde gewährte ihr 18 Monate lang Kirchenasyl. Inzwischen hat sie einen deutschen Pass, doch diese Zeit hat ihr gezeigt, welch hohes Gut Solidarität ist. Sie selbst hat sich für Kinder im Viertel engagiert, ihnen Kunstkurse gegeben. In ihrem Salon will sie „Raum für Begegnungen" schaffen, und das gelingt ihr auf wunderbare Weise. Ach ja, der Name ihres Salons: „Pampelmuse. Der bedeutet gar nichts", sagt sie. Der sei einfach ein schönes deutsches Wort, „viel schöner als Grapefruit". Und: „Muse" steckt darin. Das passt zu diesem ungewöhnlichen Ort.

TIPP Ebenfalls in der Lindenstraße ist das Café Kosmopolit – draußen und drinnen ein besonderer Ort!

Friseursalon Pampelmuse, Lindenstraße 28, 47798 Krefeld, Tel. (01 77) 2 76 14 41
www.facebook.com/pampelmusekr

ÖPNV: Bus 051, NE5, Haltestelle Hochstraße (ca. 2 Minuten Fußweg)

Pampelmuses

Die Entdecker-Tour

76 *Mit dem Rad von Linn nach Kaiserswerth*

Der Rhein ist ein Fluss für Entdecker – viele spannende Plätze, die zu jeder Jahreszeit und mit jedem Wasserstand anders aussehen. Man kann ihn wunderbar mit dem Rad erkunden, ohne Navi und Karten – verfahren geht nicht! Etwa von Linn aus rheinaufwärts Richtung Lank, dort mit der Rheinfähre nach Kaiserswerth und rechtsrheinisch zurück. Startpunkt ist die Drehbrücke in Linn (Hafenstraße), von da aus geht es über die Bataverstraße nach Süden. Nach dem Hafen des Crefelder Yachtclubs erreicht man das Naturschutzgebiet Spey. Tipp: Fahrrad stehen lassen und über den beschilderten Fußweg von der Straße aus durch Mähwiesen und Silberweiden-Auenwald zu einem malerischen Sandstrand am Rheinufer laufen, der an einem Sommertag Urlaubsgefühle aufkommen lässt! Südlich der Spey beginnt ein komfortabler Radweg, der sich durch Weizenfelder und Wiesen am Deich entlangzieht. Wer Lust hat, kann den parallel näher am Rhein verlaufenden Feldweg benutzen, durch Pferdekoppeln und Baumbestand. Manchmal etwas holprig – der Lohn dafür ist der Duft von Heu, Vogelgezwitscher und eine Ruhe, die wohltuend ist. Nach dem quirligen „Rheincamping" erreicht man die Fähre, die Radfahrer bequem nach Kaiserswerth bringt. Es sei denn, man möchte noch etwas weiterradeln und eine der Brücken in Düsseldorf benutzen.

TIPP

Die Tour von Linn bis Kaiserswerth ist auch eine lohnende Wanderung zu Fuß!

Von Kaiserswerth aus führt der Radweg dann nah am Ufer entlang zurück nach Norden – und bietet viele außergewöhnliche Blicke über den Fluss. Wem nach einem kühlen Getränk ist, kann sich in der legendären Gartenwirtschaft „Aschlöksken" (hier wurden dereinst Kohlen ausgeladen) zwischen Düsseldorf und Duisburg unter Bäumen niederlassen oder mit einem Stuhl auf den Rheindamm setzen. In Duisburg geht es dann in einem kleinen Schlenker vom Damm auf die Uerdinger Brücke und dann scharf links über die Düsseldorfer Straße wieder Richtung Hafenstraße und Drehbrücke Linn. Hier endet die entspannte Radtour, auf der es einfach immer wieder Neues zu entdecken gibt!

- **Mit dem Rad am Rhein entlang: Linn-Rheinfähre und zurück ca. 20 km, bis Theodor-Heuss-Brücke ca. 38 km**
- **ÖPNV: Straßenbahn 044, Bus 831, Haltestelle Krefeld-Rheinhafen**

Paradies für viele Arten

77 *Das Krefelder Umweltzentrum*

Es gibt Orte, die so einzigartig sind, dass man sie sich nicht ausdenken kann. Das Gelände der ehemaligen „Cementwarenfabrik Carstanjen“ ist so ein Ort: Zwischen übrig gebliebenen meterdicken Röhren und auf Bauschuttflächen ist eines der interessantesten Naturprojekte Krefelds entstanden – ein Paradies für Molche, seltene Pflanzen und bedrohte Amphibien. Das Krefelder Umweltzentrum ist hier seit drei Jahrzehnten angesiedelt – und hat auf dem 20 Hektar großen Areal am Rande des Hülser Bergs einen ungewöhnlichen Naturpark geschaffen, in dem die Besucher manche Überraschung erleben können.

Viele Schüler kennen das Umweltzentrum als Krefelds „Grünes Klassenzimmer“. 450 Schulklassen aller Altersstufen erfahren hier jedes Jahr, wie man Brot backt und Papier schöpft, entdecken die lebendige Welt des Komposthaufens, betreiben „Spionage im Bienenstaat“ oder machen einen Gesundheitscheck im Molchteich. Ein Team von Pädagoginnen, Ökologen, Imkern, Gärtnern und jungen Freiwilligen nimmt sie dabei an die Hand.

TIPP In „Uhles Bienenhaus“ kann man die Insekten ganz nah erleben.

Das Gelände des Zentrums ist aber keineswegs nur für Schüler offen, sondern für alle Natur- und Gartenfreunde. Alte Obstsorten kennenlernen? Die „Köstliche von Charneux“ (eine Birne) oder eine alte Goldparmäne (ein Apfel) kann man hier aus der Nähe betrachten. Oder im Bauerngarten ansehen, warum die kleinblättrige Heckenmyrte eine gute Alternative zum Buchsbaum ist. Und wer durch die Weiten des alten Industriegeländes streift, erlebt die Vielfalt der Natur, wird eingefangen vom Froschkonzert rund um einen kleinen Baggersee, erfährt, wie „Pionier-Wald“ sich alte Brachflächen zurückerobert und warum selbst die bewusst liegen gelassenen Betonröhren ein Glücksort für Eidechsen und Käfer sind. An den alten Röhren haben übrigens nicht nur Insekten ihre Freude: Auch 30 Künstlerinnen aus aller Welt haben sich von ihnen inspirieren lassen und sie zu teils bunten, teils moosbewachsenen Objekten verzaubert. Wie gesagt: Dieser Ort ist voller Überraschungen.

Krefelder Umweltzentrum, Talring 45, 47802 Krefeld, Tel. (0 21 51) 74 36 46
www.umweltzentrum-krefeld.de
ÖPNV: Bus 060, Haltestelle Hülser Berg (ca. 9 Minuten Fußweg)

Vom Glück einer Waldelfe

78 *Kostümverkauf des Theaters*

Pia Bollig hat sich auf diesen Samstag kurz vor Karneval besonders gefreut. Sie hatte ganz viel Losglück – und darf nun als eine von zehn Auserwählten schon kurz vor der offiziellen Öffnung die Fabrik Heeder zum beliebten jährlichen Kostümverkauf des Theaters Krefeld Mönchengladbach betreten. Begleitet von Tochter Hanna und deren Freundin Catalina kann sie als eine der ersten die Kostüme aus Schauspiel, Oper, Ballett und Märchen anschauen und anprobieren – noch ohne Konkurrenz.

Für Freunde der Verkleidung wie sie ist der Kostümverkauf ein Paradies: Da steht eine Schaufensterpuppe mit betörend buntem Waldelfenkostüm neben einem silbern glitzernden Astro-Dress, da hängt gleich ein Dutzend Hummer-Anzüge neben mehreren rosa funkelnden Herrenjacketts. Überdimensionale Vogelkrallen als Schuhwerk ziehen die Blicke auf sich, Wikingerhelme und ein Lampenschirm mit blinkenden Lichtern laden als Kopfbedeckung zum Aufsetzen ein, Mönchsgewänder und grün glänzende Satin-Ballkleider warten auf neue Besitzer. Und jedes Stück hier hat eine Geschichte. Kleine Schildchen verraten meistens, bei welcher Aufführung es zum Einsatz kam: Ob in der Oper „Rusalka" von Dvořák oder dem Kindermärchen „Sängerkrieg der Heidehasen" – diese Kostüme atmen Bühnenluft.

TIPP Die Fabrik Heeder ist auch selber Spielstätte – für Stadttheater und KRESCHtheater.

Familie Bollig möchte etwas Originelles für Karneval – am liebsten „tolle Mäntel mit Brokat". Ein anderer Kostümfreund hat ein Faible für die 1920er-Jahre und hofft auf Funde aus dieser Zeit. Eine Theaterbesucherin hatte schon einmal das Glück, Originalkostüme ihrer Lieblingsstücke zu entdecken. Für die Theaterleute, die sich für diesen Verkauf von gut 600 (ihrer 45.000) Kostüme im Keller trennen, kein leichter Tag: „Ein bisschen Wehmut" sei dabei, gibt Sebastian Rosenkranz vom Fundus zu. Aber so bekämen manche Stücke, die keine Chance auf ein zweites Bühnenleben mehr haben, eben „noch mal Sinn und Zweck". Eins ist sicher: Hier machen die ausgemusterten Kostüme ihre Entdecker glücklich. Familie Bollig zum Beispiel: Pia, Hanna und Catalina sind fündig geworden – der Karneval kann kommen.

Kostümverkauf des Theaters Krefeld Mönchengladbach, Fabrik Heeder, Virchowstraße 130, 47805 Krefeld, Tel. (0 21 51) 80 50, www.theater-kr-mg.de

ÖPNV: Straßenbahn 041, Haltestelle Krefeld Klinikum (ca. 2 Minuten Fußweg), Bus 052, 057, 060, 061, Haltestelle Hauptbahnhof Süd (ca. 4 Minuten Fußweg)

Action mit Aussicht

79 *Der Mountainbike-Parcours am Inrather Berg*

Wenn sie plötzlich zwischen den Bäumen auftauchen und die Piste bergab sausen, hält man unwillkürlich die Luft an. Eine Steilkurve noch, das Hinterrad wirbelt Staub auf, dann wartet die letzte Abfahrt: Für die Fahrer ein großes Vergnügen, für die Zuschauer, die sich dort gerne einfinden, auch. Am Inrather Berg ist eine der wenigen offiziellen Mountainbike-Strecken am Niederrhein und hier gibt es die Gelegenheit, diesen Sport aus der Nähe zu erleben. Den höchsten Berg Krefelds, einst aus Kriegstrümmern aufgeschüttet, teilen sich die Mountainbiker auf gut getrennten Wegen mit Joggern und Spaziergängern.
Als Biker hier unterwegs zu sein erfordert, das sieht man sofort, höchste Konzentration. „Der Lohn", erzählt Jens Nowicka vom Verein „Home Trail", „ist ein großartiges Fahrgefühl." Die Mischung aus Geschwindigkeit und Fahrtechnik sei eine körperliche und gleichzeitig mentale Herausforderung. Mut gehört natürlich auch dazu. Und die Fähigkeit, ein Risiko richtig einzuschätzen. Mountainbiking ist heute darum mindestens so populär wie Mitte der 1980er- Jahre, als dieser Sport aus den USA nach Deutschland gekommen ist. Bestimmte Disziplinen sind inzwischen sogar olympisch.

TIPP Nebenan ist der Kapuziner Berg – mit tollem Blick über den Krefelder Norden.

Die Mountainbiker haben am Inrather Berg drei Strecken gebaut und ausgeschildert: Die blaue Route ist für Einsteiger – der Name „Old Daddy Trail" deutet an, dass man sich hier nicht umbringt. Obwohl „ständige Aufmerksamkeit" und „dosiertes Bremsen" laut Hinweisschildern immer nötig sind. Der „Stoneman Trail" stellt mit 400 Metern Abfahrt über 50 Höhenmeter hinunter schon größere Ansprüche. Und die ganz Erfahrenen nehmen die schwarze Piste – „Phil's Trail" hat ein Gefälle von bis zu 70 Prozent. Mountainbiking sei übrigens mehr, als steile Pisten hinunterzurasen, sagt Jens Nowicka. Auch eine langsame Tour durch das Hülser Bruch sei ein tolles Naturerlebnis. Und wer sich doch einmal am Berg versuchen will: Der Verein, dessen Mitglieder zwischen acht Jahren und Mitte 60 sind, lädt gerne zu Schnuppertrainings ein.

Inrather Berg, 47802 Krefeld
www.home-trail.de
ÖPNV: Bus 046, 057, 069, 076, 077, 079, Straßenbahn 044, Haltestelle Flünnertzdyk (ca. 15 Minuten Fußweg)

SPECIALIZED

Magische Stimmung in Rot

80 *Weihnachtsmarkt „Made in Krefeld Special"*

Rot leuchtende Lichtreifen hoch oben in den Platanen schaffen ein magisches Ambiente, heller Rindenmulch auf dem Boden dämpft die Schritte und die Stimmen, Weihnachtsbuden in einem schlichten und doch stimmungsvollen Design umrahmen einen Platz, in dessen Mitte Besucher zusammenstehen und Glühwein trinken. Dazwischen schmücken Zieräpfel und roter Hartriegel den Platz – der Weihnachtsmarkt „Made in Krefeld Special" hat eine besondere Atmosphäre.

Dass dieser noch junge Weihnachtsmarkt an der Dionysiuskirche in der Krefelder City auf Anhieb gut angekommen ist, hat aber noch einen anderen Grund: Was hier zum Verkauf angeboten wird, haben ausschließlich Künstler und Produzenten aus Krefeld und Umgebung gemacht – und das ist oft Überraschendes. Taschen etwa, gefertigt aus Theaterboden-Belag („Kulturbeutel"), Mixed-Media-Kunstwerke aus altem Bauholz, faszinierende Designobjekte aus ganz feinem Beton, Keramik-Kreationen inspiriert von Nüssen, fantasievolle Werke einer Kinderbuch-Illustratorin oder Krefelder Gin-Spezialitäten – die Stadt ist reich an Ateliers, Manufakturen und kreativen Köpfen! In jeder Woche der Adventszeit sind andere Künstler dabei – so bleibt der kleine Markt immer interessant. In einem Zelt vor der Kirche laden Pfadfinder und andere Gruppen aus Krefeld zum Stockbrot-Essen oder einfach zum Ausruhen ein. Bands aus der Stadt geben mit Saxofon, Vokalmusik oder Liedern zum Mitsingen dem Markt eine vorweihnachtliche Heiterkeit, die guttut.

TIPP Eine Auszeit vom Weihnachtstrubel in der geöffneten Dionysiuskirche – wohltuend!

Und Krefeld hat noch weitere ungewöhnliche Weihnachtsmärkte: Beim „Designachtsmarkt" der Hochschule Niederrhein etwa bieten Design-Studenten in fröhlicher Atmosphäre einen Abend lang an, was sie kreiert haben, von ungewöhnlicher Töpferkunst bis zu neuen Notizbüchern in alten Bucheinbänden – alles Unikate. Bekannt ist auch der traditionelle Nikolaus-Markt in Uerdingen. Und der Weihnachtsmarkt in der Linner Altstadt vor der Kulisse der Burg lockt Besucher vom ganzen Niederrhein an. Weihnachten in Krefeld – da kann man was erleben!

Weihnachtsmarkt „Made in Krefeld Special", Dionysiuskirche
www.krefeld.de

ÖPNV: Haltestelle Ostwall/Rheinstraße, zahlreiche Busse und Bahnen (ca. 6 Minuten Fußweg)

Bibliografische Informationen der Deutschen Nationalbibliothek
Die Deutsche Nationalbibliothek verzeichnet diese Publikation in der Deutschen Nationalbibliografie; detaillierte bibliografische Daten sind im Internet über http://dnb.d-nb.de abrufbar.

Konzeption/Satz: Droste Verlag, Düsseldorf
Einbandgestaltung und Illustrationen: Britta Rungwerth, Düsseldorf, unter Verwendung von Bildern von © Fotolia.com: jd - photodesign.de; © iStock: Plociennik Robert
Fotos: Torsten Weiler, außer:
S. 19: Jörg Nouvertné; S. 23: Jens Büttner; S. 35: Matthias Stutte; S. 37: Light-Painting Rainer Moll; S. 41: SWK Stadtwerke Krefeld AG; S. 77: Dirk Jochmann; S. 83: Arne Hommes; S. 91: Linie 1 e. V./Christian Dalitz; S. 97: Mies van der Rohe Business Park – makis-photography.de; S. 103: Marc Grotendorst; S. 121: Motiv: Heinrich Nauen – „Der Besuch. Interieur" (1913) (Drove-Zyklus); S. 145: Deutsches Textilmuseum Krefeld; S. 163: Thomas Lammertz; S.167: Stadtmarketing Krefeld/ Lothar Strücken

FSC
www.fsc.org
MIX
Papier aus verantwortungsvollen Quellen
FSC® C011279

Druck und Bindung: LUC GmbH, Greven
ISBN 978-3-7700-2240-3

www.droste-verlag.de